Reinhold Ebertin

Die kosmische Ehe

Reinhold Ebertin

Die kosmische Ehe

Ebertin Verlag
Freiburg im Breisgau

CIP-Kurztitelaufnahme der Deutschen Bibliothek:

Ebertin, Reinhold:
Die kosmische Ehe / Reinhold Ebertin. – 5. Aufl. –
Freiburg im Breisgau: Ebertin, 1984.
ISBN 3-87186-017-4

Mit 30 Zeichnungen.

5. Auflage 1984
ISBN 3-87186-017-4

Druck und Bindung:
Druckhaus Rombach + Co, Freiburg im Breisgau.
Printed in Germany.

Inhalt

Meiner lieben Frau
und treuen Lebensgefährtin

Das ist der Liebe heil'ger Götterstrahl,
Der in die Seele schlägt und trifft und zündet,
Wenn sich Verwandtes zu Verwandtem findet,
Da ist kein Widerstand und keine Wahl,
Es löst der Mensch nicht, was der Himmel bindet.

GOETHE

Seit dem Erscheinen der ersten Auflage dieses Buches sind fast 20 Jahre verflossen. Der Wunsch zahlreicher Leser, den dritten Teil dieses Werkes herauszubringen, konnte auf Grund der Verhältnisse in den letzten beiden Jahrzehnten nicht verwirklicht werden. Inzwischen ist es aber möglich gewesen, weitere Bestätigungen für die hier dargelegten Ausführungen zu erhalten und reiche Erfahrungen zu sammeln, so daß dieses Buch jetzt in erweiterter Form herauskommen kann.

Daß Beziehungen zwischen dem Kosmos und dem Menschen bestehen, ist inzwischen eine anerkannte Tatsache geworden. Als strittig wird nur angesehen, wie weit dieser Einfluß des Kosmos auf alle Lebewesen geht. Dabei ist unter Kosmos nicht allein eine Beziehung der Gestirne zum Charakter und Schicksal des Menschen zu verstehen, sondern die Kosmobiologie hat auch Klima, Landschaft, Rasse, Umwelt und andere Faktoren in den Bereich ihrer Untersuchungen einbezogen. Man ist sich darüber klar geworden, daß es keineswegs möglich ist, alles „aus den Sternen abzulesen", sondern der Mensch sieht sich einer ganzen Reihe von Einflüssen gegenüber, denen er seine eigene Gestaltungskraft und seinen Willen entgegenstellen muß, um sein Schicksal zu formen.

Dieses Buch muß sich allerdings in der Hauptsache auf die Beziehungen zwischen Gestirnkonstellationen und menschlichem Charakter beschränken und geht von der Annahme aus, daß in der Gestirnstellung der Geburt Wesen und Schicksal bis zu einem gewissen Grade veranlagt sind, wobei es aber auf den Menschen selbst ankommt, wie er aus den ihm gegebenen Möglichkeiten seinen Lebensweg gestaltet.

Treten nun zwei Menschen miteinander in Beziehung, so können ihre Geburtsbilder darüber Aufschluß geben, welche Veranlagung sie besitzen und wie weit diese eine harmonische oder disharmonische Zusammenarbeit oder ein Zusammenleben ermöglicht. Ebenso wie bei der Trauung die Ringe gewechselt werden, so verschmelzen auch die in den Geburtskonstellationen gegebenen Veranlagungen zu einer Einheit, zur „kosmischen Ehe". An zahlreichen Beispielen wird nachgewiesen werden, wie man erkennen kann, ob sich eine solche kosmische Ehe gut oder schlecht, harmonisch oder disharmonisch entwickelt.

Die Aufgabe dieses Buches liegt vornehmlich darin, daß der einzelne Mensch sich selbst kennenlernt, die Veranlagung des Lebenspartners richtig erfaßt und dabei erkennt, ob zwei Menschen in ihrem körperlichen, seelischen und geistigen Wesen so zueinander passen, daß sie mit einem harmonischen Zusammenleben rechnen können.

Die wahre Selbsterkenntnis ist nur wenigen Menschen eigen, einen Weg dazu stellt die gründliche Untersuchung des eigenen Kosmogramms dar, wofür genügend Lehrbücher vorliegen[1]). Nur wer sich selbst richtig erkannt hat, wird fähig sein, auch den Menschen zu beurteilen und richtig einzuschätzen, der in Zukunft sein Schicksal teilen will. Man sagt zwar oft, daß das Gefühl für die Partnerwahl ausschlaggebend sein soll. Aber wie oft trügt das Gefühl, wie oft sprechen auch bei der Ehewahl Erwägungen mit, die mit echter Liebe gar nichts zu tun haben. Wie oft werden Trieb und Liebe verwechselt, wie oft spielen egoistische Motive zur Verbesserung der sozialen Verhältnisse eine Rolle, wie oft sind auch Stellung oder Titel ausschlaggebend. Gerade die letzten Jahrzehnte haben bewiesen, daß diese Äußerlichkeiten durch politische und wirtschaftliche Verhältnisse eines Tages in ein Nichts zerfließen, und daß es gerade dann darauf ankommt, ob sich die Schicksalsgemeinschaft bewährt oder nicht.

Echte Liebe, die Grundlage jeder Ehe sein sollte, ist das unbedingte Gefühl der Zusammengehörigkeit, ist die Gewißheit, erst mit einem anderen Menschen zusammen etwas Vollkommenes zu werden.

Wie können aber nun zwei Menschen zu einer harmonischen Einheit werden? Sollen sie gleich sein oder sollen sie sich ergänzen?

Eine gewisse Gleichheit sollte vorhanden sein nach Herkunft und Milieu, obwohl es Fälle gibt, in denen sich auch Gegensätze in dieser Hinsicht bewährt haben. Gleichheit muß vorhanden sein hinsichtlich des Lebenszieles.

In Bezug auf Temperament und Charakter wird aber nur die Ergänzung eine dauernde Harmonie gewährleisten. Eine Ergänzung der Charaktere bedeutet, daß der eine Teil in bestimmten Anlagen ein Plus und der andere ein Minus hat, daß der eine Teil sehr lebhaft, der andere stiller ist, der eine über sehr viel Aktivität verfügt, während sich der andere mehr passiv verhält, der eine kurz entschlossen handelt, der andere sich gern zurückhält. Hier bewährt sich also das alte Sprichwort: Gegensätze ziehen sich an. Kretschmer hat in seinen Untersuchungen bestätigt gefunden, daß die meisten Ehen Kontrast-Ehen sind[2]). Der Mensch scheint in sich das instinktive Verlangen zu haben, den Ehepartner zu finden, der das besitzt, was er selbst nicht hat, was sein eigenes Wesen ergänzt.

Wenn also ein Mensch mehr den extravertierten Typ nach Jung darstellt, der ein entgegenkommendes, offenes und bereitwilliges Wesen besitzt, das sich leicht in jeder Lebenslage zurechtfindet, so bildet dazu der introvertierte Typ, eine Ergänzung, der mehr ein zögerndes und zurückgezogenes Wesen zeigt, das sich mehr in der Defensive hält[3]). Curry hat auf bioklimatischer Grundlage zwei Typen gefunden, den ehrgeizigen, energischen, zielbewußten K-Typ, der kälteempfindlich ist und ein mildes Klima liebt, und den gefühlsbetonten, liebenswürdigen und angenehmen W-Typ, der wärmeempfindlich ist[4]). Der G-Typ oder gemischte Typ weist gleichzeitig beide Merkmale auf. Untersuchungen in der Klimakammer haben zu der Erkenntnis geführt, daß Ehepartner fast ausnahmslos gegensätzliche Typen sind, mindestens läßt sich bei dem einen eine stärkere W- und bei dem anderen eine stärkere K-Betonung feststellen. Während sich nun K- und W-Typen rasch finden, kommen G-Typen meist später zum Ziel und heiraten auch wieder einen G-Typ.

Gerade die Forschungen von Curry bestätigen die schon in der ersten Auflage dieses Buches vertretene Überzeugung, daß eine harmonische Ehe vorwiegend auf der Ergänzung der Charaktere beruht.

Die populäre Astrologie vertritt meist einen ganz anderen Standpunkt auf Grund des Sonnenstandes in trigonal verbundenen Tierkreiszeichen.

Bekanntlich läuft die Sonne in jedem Monat durch ein anderes der 12 Tierkreiszeichen. Wer also z. B. zwischen 21. März und 20. April geboren ist, bezeichnet sich als „Widder", zwischen 21. April und 21. Mai als „Stier" usw[1]).

Nach jahrtausendealter Tradition entsprechen die Zeichen Widder, Löwe, Schütze dem cholerischen, Stier, Jungfrau, Steinbock dem melancholischen, Zwillinge, Waage, Wassermann dem sanguinischen und Krebs, Skorpion, Fische dem phlegmatischen Temperament[5]). Wenn nun die Volksastrologie behauptet, daß z. B. die Menschen mit Sonne in Widder, Löwe, Schütze, also die Choleriker, zusammenpassen, so kann das ebensowenig richtig sein, als wenn man die phlegmatischen Typen zueinander gesellen wollte. Denn „Feuerköpfe" würden wohl zu oft in Streit geraten, während sich Phlegmatiker auf die Dauer langweilen würden. Wo sollte also hier die dauernde Harmonie herkommen? Schließlich kann eine Ehewahl nicht allein nach „Typen" getroffen werden, sondern nach verantwortungsbewußter gründlicher Untersuchung aller Einzelzüge.

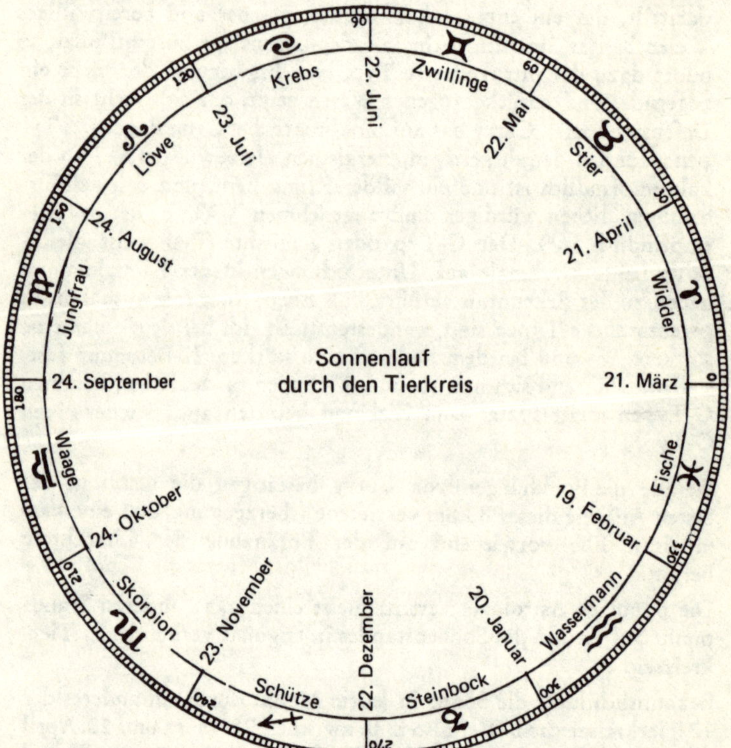

Abb. 1

I

Die Eheveranlagung

Bevor man die Geburtsbilder von Partnern gegenüberstellt, ist es notwendig, die einzelnen Kosmogramme für sich auf ihre „Eheveranlagung“ zu untersuchen. Hierbei müssen die allgemeinen Grundlagen der Technik und Deutung vorausgesetzt werden.

Als erste Frage gilt zu untersuchen, welche Beziehungen zum Elternhaus bestehen, ob irgendwelche Krankheiten in der Familie vorliegen, die vererbt werden können oder ob Hinweise vorhanden sind, die eine Ehemöglichkeit überhaupt in Frage stellen. Es ist daher zunächst festzustellen, welche Faktoren im Geburtsbild mit denen der Vorfahren übereinstimmen. Oftmals wird man erkennen, daß die Beziehungen zu den Kosmogrammen zu Vater oder Mutter besonders stark sind, was wieder zur Folge hat, daß die seelische Bindung an ein Elternteil sehr stark ist. Handelt es sich dann noch um Einzelkinder, die womöglich noch zu den introvertierten Typen nach Jung gehören, so werden Wege ersonnen werden müssen, damit die innige Verbundenheit mit den Eltern nicht zur Gefahr für die künftige Ehe wird. Schwierige Verhältnisse können besonders dann eintreten, wenn der an das Elternhaus gebundene Ehepartner auch hier wohnen bleibt. Er wird sich dann schwer zwischen Eltern und Partner entscheiden können und der erste Ehekonflikt ist vorhanden. So heiratete z. B. eine Tochter aus guter Familie mit starker seelischer Bindung an ihre Mutter einen Mann am gleichen Ort und zog in dessen Elternhaus. Die junge Frau konnte sich in die neuen Verhältnisse nicht gewöhnen, besuchte täglich während der Abwesenheit ihres Mannes die Mutter und blieb schließlich immer seltener in ihrer eigenen Wohnung. Bei der Tochter stand die Venus in 25° Jungfrau, bei der Mutter die Venus in 24° und die Sonne in 28° Jungfrau, der Mond der Tochter stand im Trigon dazu in 24° Steinbock. Diese seelische Bindung war so stark, daß sie ständig die Beziehungen zum Gatten übertönte und die junge Frau nach einem Jahre wieder ganz in das Elternhaus zurückkehrte, während der Mann die Scheidung einreichte.

Heirats- und Eheschwierigkeiten sind oftmals größer, wenn sich die Betreffenden im Elternhaus besonders wohl fühlten[6]).

Liegen besondere Krankheiten in der Familie vor, so werden diese sich um so leichter vererben können, wenn krankheitsbezügliche Gestirne bei den Eltern auch starke Beziehungen zu den Gestirnen im Kosmogramm der Kinder aufweisen. Ist z. B. die Mutter nierenkrank bei starker Besetzung des Zeichens Waage oder schlechter Aspektierung der Venus, und zeigt sich eine ähnliche Konstellation bei der Tochter, so liegt die Gefahr sehr nahe, daß sich die Krankheit vererbt. Dann ist besonders darauf zu achten, daß wenigstens der Ehepartner nicht ähnliche Konstellationen aufweist, damit das Übel nicht noch verstärkt wird. Es sei aber davor gewarnt, allein aus dem Kosmogramm eine Krankheitsdiagnose stellen zu wollen, sondern suche hierzu möglichst einen astrologisch geschulten Arzt auf. Ebenso sollte man Schlüsse auf die Zeugungsfähigkeit keineswegs allein aus dem Geburtsbild ziehen wollen, sondern sollte auch hier die ärztliche Diagnose als maßgeblich bezeichnen. Das Geburtsbild kann Hinweise geben, aber die Grundlagen der Astromedizin sind noch nicht so sicher, daß man sich allein darauf verlassen kann.

Es gibt nun Menschen, denen es sehr leicht fällt, mit anderen Personen in Kontakt zu kommen, während sich andere innerlich gehemmt fühlen. Die „Kontaktfähigkeit" ist allgemein gegeben, wenn die Zeichen Zwillinge, Waage, Wassermann gut besetzt sind. Bei starker Betonung der Zeichen Stier, Jungfrau, Steinbock fällt es schon schwerer, den Kontakt aufzunehmen. Bei Krebs, Skorpion und Fische liegt meist ein abwartendes Verhalten vor, während eine starke Besetzung von Widder, Löwe, Schütze gern auf „Eroberung" ausgehen läßt. Gute Beziehungen zwischen Sonne (Mann) und Mond (Frau) begünstigen die Eheaussichten, ungünstige Aspekte zwischen Sonne und Mond können zu einer Dissonanz zwischen erträumtem Ideal und Wirklichkeit herbeiführen. Günstige Stellungen von Venus und Mars deuten auf ein harmonisches Triebleben, ungünstige Aspekte führen leicht zu Störungen. Gute Beziehungen zwischen Sonne und Venus geben Beliebtheit, oft auch Schönheit, begünstigen die körperliche Liebe, und geben eine starke Anziehungskraft. Gute Verbindungen zwischen Sonne und Mars stärken die Lebenskraft, zwischen Sonne und Jupiter fördern die Gesundheit, zwischen Mond und Venus machen hingebungsvoll und zeigen ein starkes Zärtlichkeitsverlangen, zwischen Mond und Mars begünstigen besonders bei der Frau Zeugungsfähigkeit und Mutterschaft, zwischen Venus und Jupiter geben Herzlichkeit, Anmut, Beliebtheit, „Liebesglück".

Als ungünstig sind kritische Aspekte von Saturn und Neptun zu Sonne, Mond, Venus und Mars anzusehen. Saturn in ungünstiger Verbindung mit Sonne und Mond führen leicht zu inneren Hemmungen, Saturn in kritischer Verbindung mit der Sonne stört im weiblichen Kosmogramm das Verhältnis zu Vater oder Gatten, zu Mond im männlichen Kosmogramm die Beziehungen zu Mutter oder Gattin. Saturn in ungünstigen Aspekten zur Venus geben oft Liebeskälte, führen leicht zu Entfremdung oder zu außerehelichen Bindungen. Der Neptun in ungünstiger Beziehung zu Sonne und Mond deutet oft auf Enttäuschungen oder auch Krankheit, zu Venus auf eigenartige oder enttäuschende Liebesbeziehungen, zu Mars auf schwache Gesundheit, geschwächte Zeugungsfähigkeit, Gefahr von Infektionen.

Es würde zu weit führen, an dieser Stelle alle Deutungsfaktoren im Geburtsbild zu besprechen. Wer genaue Untersuchungen durchführen will, wird sowieso ein ausführliches Deutungswerk zu Hilfe nehmen müssen[7]).

Auf Grund der Tradition finden auch die „Häuser" des Geburtsbildes eine stärkere Beachtung. Den Hauptwert lege man dabei auf die Kardinalpunkte Ascendent (Aufgangspunkt) und Descendent (Untergangspunkt), Medium coeli (Himmelsmitte, Kulminationspunkt) und Imun coeli (Himmelstiefe als Gegenpunkt der Kulmination).

Der Horizont teilt das Geburtsbild in eine obere, die sichtbare Hälfte und die untere, die unsichtbare Hälfte des Himmels im Augenblick der Geburt. Stehen viele Gestirne über dem Horizont, so handelt es sich meist um Menschen, die sich im Leben leicht Geltung verschaffen, die sich durchsetzen, die über eine starke Entschlußkraft verfügen, die also mehr aktiv eingestellt sind. Stehen mehr Gestirne unter dem Horizont, so kommen die unterbewußten Kräfte mehr zur Geltung, diese Menschen lassen sich mehr vom Schicksal treiben, zeigen aber ein stärkeres Innenleben. Als gegenseitige Ergänzung ist anzusehen, wenn sich bei dem einen Partner die Mehrzahl der Gestirne, über und beim anderen unter dem Horizont befinden.

Viele Gestirne am Ascendenten deuten auf Entwicklung einer starken Persönlichkeit, besonders wenn sich hier Sonne, Mars oder Jupiter befinden. Der Saturn kann andeuten, daß sich der betreffende Mensch nicht richtig entfalten kann, daß er durch Umwelteinflüsse gehemmt ist. Der Neptun führt hier oft zu einem Mangel an Durchsetzungskraft und Unbefriedigtsein oder Enttäuschung durch die Personen der Umgebung. Günstige Gestirne am Ascendenten erhöhen also die Kontaktfähigkeit, ungünstige Gestirne mindern diese.

Der Descendent oder Untergangspunkt, der zugleich als Spitze des 7. Hauses angesehen wird, das besonders für Eheangelegenheiten maßgebend sein soll, zeigt an sich das Verhältnis des Menschen zum Du, zur Andertheit und zur Öffentlichkeit. Günstige Gestirne an dieser Stelle — sofern sie nicht ungünstig aspektiert sind — können das Verhältnis zum Ehegefährten harmonisch gestalten, vornehmlich wenn sich hier Jupiter oder Venus befinden. Saturn, Uranus und Neptun führen leicht zu Hemmung, Entfremdung, Aufregung, Enttäuschung.

Günstige Gestirne um das Imun coeli können auf eine gute Erbanlage und ein harmonisches Elternhaus deuten, während ungünstige Gestirne an dieser Stelle auf eine erbliche Belastung oder ungünstige häusliche Verhältnisse schließen lassen.
Günstige Gestirne am Medium coeli erleichtern die Erreichung der Lebensziele, ungünstige Gestirne wirken hier hemmend auf die geistige und berufliche Entwicklung.

Diese Hinweise dürfen jedoch niemals für sich allein verwertet werden, sondern nur im Zusammenhang mit den übrigen Konstellationen des Geburtsbildes.
Hat man die Kosmogramme der Partner einzeln durchgearbeitet, setzt man beide Geburtsbilder in Beziehung.

Die Vergleichsanalyse

Den Vergleich der Gestirnstände von Ehepartnern nimmt man am einfachsten in der Weise vor, daß man beide Kosmogramme vor sich hinlegt. Als Idealfall ist anzusehen, wenn das eine Horoskop die Umkehrung des anderen ist, daß z. B. bei dem einen der Ascendent im Widder, beim anderen in Waage liegt, und wenn sich andererseits auch die Sonnenorte in Opposition befinden. Denn das bedeutet eine Ergänzung, auf die schon eingangs hingewiesen wurde. Der willensstarke Widdertyp braucht als Ergänzung den anpassungsfähigen Waagetyp, der ruhige und ziemlich ausgeglichene Stiertyp bildet ein Gegengewicht gegenüber dem marsischen Skorpiontyp. Der quicklebendige Zwillingstyp wird in Grenzen gehalten durch den mehr würdevollen Schützetyp, der weiche Krebstyp findet Halt an dem konsequenten Steinbocktyp usw. Keineswegs darf man sich aber auf diese Typen allein festlegen, da sie durch andere Konstellationen abgewandelt werden können.

Im Tierkreis unterscheidet man positive und negative Zeichen. Als positiv sind anzusehen Widder, Zwillinge, Löwe, Waage, Schütze, Wassermann, als negativ Stier, Krebs, Jungfrau, Skorpion, Steinbock, Fische. Die positiven Zeichen gestalten mehr Extravertierte (nach außen lebende Menschen), die negativen Zeichen mehr Introvertierte (Innenmenschen). Sind also bei einem Partner mehr die positiven und beim anderen mehr die negativen Zeichen besetzt, so findet dadurch eine Ergänzung statt, ohne daß man sich allein auf dieses Ergebnis festlegen darf ohne die weiteren Feststellungen abzuwarten.

Nun untersucht man, ob einzelne Gestirne beider Kosmogramme an gleicher Stelle im Tierkreis stehen, ob sie sich in Konjunktion befinden. Als besonders günstig ist anzusehen, wenn die Sonne des einen auf dem Mond des anderen steht, wenn Sonne oder Mond des einen eine Konjunktion mit der Venus des anderen bilden, ob der Jupiter des einen sich mit Sonne, Mond oder Venus des anderen deckt, oder wenn die Venus des einen mit dem Mars des anderen auf eine besonders starke triebhafte Anziehung hinweist.

Den Orbis (Umkreis) nehme man allgemein nicht größer als 5°.

Das gilt auch für die gegenseitigen Aspekte, die man als nächstes untersucht. Man geht am besten der Reihe nach vor, beginnt mit der Sonne des einen Kosmogramms und untersucht, welche Aspekte mit den Gestirnen, Ascendent und Medium coeli des anderen gebildet werden, und geht auf diese Weise alle Gestirne durch. Es ist dabei vorteilhaft, sich auf einem Notizblatt auf der einen Seite die günstigen und auf der anderen Seite die ungünstigen gegenseitigen Verbindungen zu notieren. Rein zahlenmäßig wird man dabei feststellen, ob die guten oder schlechten Aspekte überwiegen und hat dadurch einen ersten Überblick erhalten. Doch kann nicht allein die Zahl als Wertmesser angesehen werden, sondern die Stärke der einzelnen Konstellationen. Bedeutsame Aspekte wird man am besten unterstreichen und ihnen einen höheren Wert zumessen. Konjunktionen oder gute Aspekte zwischen Sonne, Mond, Venus, Mars und Jupiter wird man besonders hervorheben. Andererseits wird man auch Konjunktionen oder ungünstige Aspekte von Saturn, Neptun, Uranus oder Pluto zu Sonne, Mond, Venus, Mars, Jupiter hervorheben.

Konjunktionen sind immer als besonders stark zu bezeichnen, Trigone sind als stark und gut zu nennen, Sextile sind schwach. Quadrate und Oppositionen sind stark, aber nicht in jedem Falle als ungünstig anzusehen, es kommt dabei darauf an, ob es sich dabei um „Wohltäter" wie Sonne, Mond, Venus, Jupiter handelt oder um „Übeltäter" wie Mars, Saturn, Uranus, Neptun, Pluto.

Wer zum ersten Mal solche Untersuchungen anstellt, wird oft enttäuscht sein, neben guten auch sehr viele ungünstige Konstellationen vorzufinden. Bekanntlich läuft kein Menschenleben ohne Schicksalsschläge ab, und keine Ehe bleibt von Schwierigkeiten und Aufregungen ganz frei. Die ungünstigen Konstellationen verlangen Bewährung in Krisenzeiten, werden ausgelöst bei Krankheiten, Todesfällen, wirtschaftlichen Schwierigkeiten. Man sollte also keineswegs Angst haben, eine Ehe einzugehen, wenn sich neben vielen harmonischen Aspekten auch einige kritische Konstellationen vorfinden. Wenn ein starkes Zusammengehörigkeitsgefühl vorhanden ist, werden gerade Leid und Schwierigkeiten um so fester zusammenbinden. Es ist oft vorgekommen, daß gerade die Überwindung gemeinsamer Krisen, das Bestehen einer Bewährungsprobe gegenseitiges Verstehen und gegenseitige Wertschätzung zur Folge hatte und das eheliche Band um so fester schmiedete.

Die richtige Beurteilung von Ehekosmogrammen verlangt sehr viel Erfahrung. Erst dann, wenn man sehr viele Fälle durchgearbeitet hat, bekommt man auf diesem Gebiet eine gewisse Sicherheit und sollte daher keine voreiligen Schlüsse ziehen, wenn nur wenige Fälle untersucht worden sind.

Versuchen wir nun einige Fälle praktisch durchzuarbeiten.

Eine glückliche Ehe

Weibl. Geburt am 31. 5. 1889 um 14 Uhr Augsburg.

Männl. Geburt am 8. 12. 1878 um 11.30 Uhr Augsburg.

In nachstehender Zeichnung sind im äußeren Ring die Geburtskonstellationen der Frau, in der Mitte die des Mannes und innen die des Hochzeitstages, 5. 4. 1910, eingetragen. (Die Gradzahlen sind abgerundet, um in der Zeichnung einen besseren Überblick zu gewährleisten.)

Die Sonnenorte der beiden Kosmogramme stehen sich in den Zeichen Zwillinge und Schütze auf wenige Grade genau gegenüber. Wollte man nun eins der oberflächlichen astrologischen Ehebücher zu Rate ziehen über die Frage „Welcher Mann und welche Frau paßt zu dir?“, so würde daraus die Antwort hervorgehen, daß diese beiden Menschen nicht zusammenpassen, weil die Sonnenorte in Opposition stehen. Nach einem Brief der Frau ist die Ehe aber doch harmonisch, denn sie schrieb seinerzeit: „Wir haben in diesen Zeiten der fast untragbaren Sorgen nur einen Lichtblick — unsere schöne, harmonische Ehe. Ernstlichen Streit gab es nie, in all den vielen Jahren nicht, dabei sind wir bald verschieden im Charakter“. Aber gerade die Verschiedenheit im Charakter ist es, die eine Ergänzung bedeutet. Die Ehe ist auch weiterhin harmonisch geblieben, der Ehemann ist 1950 gestorben, worüber die Frau untröstlich war. Die Ehe hatte allerdings auch einen wunden Punkt, sie war kinderlos. Aber auch diese Enttäuschung hat die Verbindung nicht erschüttern können.

Hinsichtlich der „Eheveranlagung“ ist besonders hervorzuheben, daß bei der Frau Jupiter und Venus im Trigon stehen, was an sich Liebes(Venus)-Glück(Jupiter) bedeutet, Sonne im Trigon zum Ascendenten eine harmonische Persönlichkeit anzeigt, Merkur Konjunktion Mond auf gefühlsmäßiges Denken hinweist, Mars Konjunktion Sonne im Trigon zum Uranus Energie und Tatkraft erkennen läßt. Weniger günstig ist die Stellung des Mars in der Mitte zwischen Mond und Neptun (Mars = Mond/Neptun), was ein geschwächtes Triebleben oder eine Störung der weiblichen Organe erkennen läßt.

Beim Mann deutet Sonne Konjunktion Venus auf ein starkes Liebesempfinden, Jupiter Konjunktion Mondknoten begünstigt Verbindungen, noch dazu im Trigon zum Mond, also eine glückliche (Jupiter) Verbindung (Mondknoten) zur Gattin (Mond). Daß hier auch eine gewisse Enttäuschung vorliegt, deutet das Quadrat des Neptun zu Jupiter und Mondknoten an im Hinblick auf die Kinderlosigkeit.

Stellen wir einmal sämtliche gegenseitigen Aspekte zusammen, so ergibt sich folgendes Bild:

Harmonische Aspekte	Disharmonische Aspekte
Sonne m Trigon Saturn w	Sonne m Opposition Mars w ?
Venus m Trigon Saturn w	Sonne m Opposition Sonne w ?
Venus m Sextil Uranus w	Venus m Opposition Mars w ?
Sonne m Sextil Uranus w	*Neptun m Konjunktion Venus w*
Merkur m Konj. Jupiter w	*Mond m Konjunktion Neptun w*
Merkur m Trigon Venus w	Jupiter m Quadrat Venus w ?
Neptun m Trigon Jupiter w	Mondkn. m Quadrat Venus w
Jupiter m Trigon A w	*Mars m Quadrat Saturn w*
Mondknoten m Trigon A w	
Jupiter m Trigon Neptun w	
Mondkn. m Trigon Neptun w	
A m Trigon Uranus w	
Uranus m Trigon Jupiter w	
Uranus m Trigon Venus w	
Uranus m Sext. Merkur, Mond w	

Die Gegenüberstellung läßt besonders eine Gestirnverbindung ins Auge fallen und zwar Sonne Konjunktion Venus m (männlich) in Opposition zu Sonne Konjunktion Mars w (weiblich). Demnach handelt es sich nicht allein um eine Ergänzung durch die Sonnenorte, sondern Venus und Mars bedingen auch die triebhafte Anziehung. Merkur m und Jupiter w stehen an der gleichen Stelle und zwar auch wieder in Opposition zum Merkur mit Mond der Frau. Das gefühlsbetonte Denken der Frau mit Merkur und Mond im Krebs findet also eine Ergänzung in dem mehr nüchternen und sachlichen Denken des Mannes mit Merkur im Steinbock. Neptun w in Verbindung mit Mond m weist auf die Enttäuschung durch die Unfruchtbarkeit der Gattin hin, was auch durch Venus w Konjunktion Neptun m betont wird.

Frau: 31.5.1889, 14.00 h MEZ
Mann: 8.12.1878, 11.30 h MEZ
Heirat: 5.4.1910

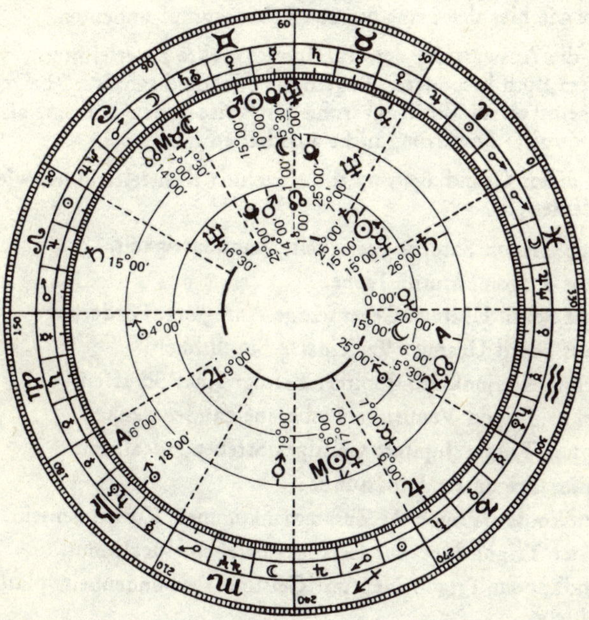

Abb. 2

Rein zahlenmäßig überwiegen die günstigen Konstellationen. Oppositionen und Quadrate sind der Tradition gemäß zunächst unter die ungünstigen Aspekte gesetzt. Die als besonders wichtig anzusehenden Konstellationen sind durch anderen Druck hervorgehoben. Die Fragezeichen bezeichnen die Konstellationen, die eine besondere Untersuchung verlangen.

Die günstigen Saturnaspekte verleihen einer Ehe immer eine gewisse Festigkeit und Dauerhaftigkeit, so daß sie als wertvoll zu bezeichnen sind.

Unter den disharmonischen Aspekten wurde bereits hervorgehoben, daß die Opposition der Sonnenorte als Ergänzung anzusehen ist. Die Opposition von Venus und Mars läßt eine triebhafte Anziehung erkennen. Sind nämlich gar keine Venus-Mars-Beziehungen vorhanden, so fehlt die triebhafte Anziehung, ohne die eine Verbindung zwischen Mann und Frau auf die Dauer nicht befriedigen kann. Die Neptun-Aspekte deuten auf die Kinderlosigkeit. Mars Quadrat Saturn ist als sehr kritisch anzusehen, braucht aber keineswegs immer auf eine Trennung Bezug zu nehmen, sondern kann auch wie hier den gemeinsamen Lebenskampf andeuten.

Um die Auswertung der einzelnen Aspekte zu erleichtern, wurden diesem Buch besondere „Regeln zur Vergleichsanalyse" beigegeben, die selbstverständlich nur rohe Hinweise geben können, also eine individuelle Bewertung nicht ausschalten dürfen.

Auf dieser Grundlage sind die einzelnen Konstellationen wie folgt zu deuten:

Sonne Trigon Saturn: Festigkeit, Standhaftigkeit.

Venus Trigon Saturn: Treue.

Sonne Sextil Uranus: Gegenseitige Anregung, Förderung.

Venus Sextil Uranus: Verfeinerte Sinnlichkeit.

Merkur Konjunktion Jupiter: Erfolgreiches Schaffen.

Merkur Trigon Venus: In Liebe aneinander denken.

Neptun Trigon Jupiter: Geistiges Streben, Idealismus.

Jupiter Trigon A: Anpassung.

Mondknoten Trigon A: Zusammenkommen, Zusammensein.

Jupiter Trigon Neptun: Geistiges Streben, Idealismus.

Mondknoten Trigon Neptun: Geistige Verbundenheit, platonische Liebe.

A Trigon Uranus: Plötzliches Erleben.

Uranus Trigon Jupiter: Freude und Glück erleben.

Uranus Trigon Venus: Zuneigung, verfeinerte Sinnlichkeit.

Uranus Sextil Merkur: Verwirklichung gemeinsamer Pläne.

Uranus Sextil Mond: Starke Gefühle füreinander.

Sonne Opposition Mars: Äußerste Willensanstrengung zur Überwindung von Fehlschlägen und Krisen.
Sonne Opposition Sonne: Ergänzende Eigenschaften.
Venus Opposition Mars: Triebhafte Anziehung.
Neptun Konjunktion Venus: Enttäuschung in der Liebe.
Mond Konjunktion Neptun: Falsche Vorstellungen.
Jupiter Quadrat Venus: Spannungen im Liebesleben.
Mondknoten Quadrat Venus: Nachteilige Liebesverbindung.
Mars Quadrat Saturn: Leid, Trennung.

Im Ganzen gesehen, muß diese Gegenüberstellung als gut bezeichnet werden, wenn auch einige disharmonische Konstellationen Lebenskrisen anzeigen.

Betrachten wir nun die Konstellationen am Hochzeitstage, dem 5. 4. 1910.

Die Mundankonstellation (Weltkonstellation) war an diesem Tage an sich günstig. Sonne und Merkur begegneten sich im Widder, sie standen gleichzeitig im Sextil zum Mars, Mond bildete an diesem Tage ein Trigon zu Jupiter und Mars, nur näherten sich Sonne und Merkur auch dem Quadrat zum enttäuschenden Neptun.

Unter den Transiten an diesem Tage fallen bei der Frau besonders ins Auge:

Sonne, Merkur Sextil Mars
Sonne, Merkur Trigon Saturn
Mond Trigon Mars, Uranus
Mond Opposition Saturn
Venus Quadrat Neptun
Venus Trigon Merkur, Mond
Mondknoten Konjunktion Neptun
Mars Konjunktion Mars
Jupiter Konjunktion A
Jupiter Trigon Sonne

Besonders durch die gute Jupiterstellung ergibt sich eine glückliche Lebenswendung und damit auch die Aussicht auf eine gute Ehe.

Beim Mann sind folgende Konstellationen vorhanden:

Sonne, Merkur Trigon Sonne, Venus
Mondknoten Konjunktion Mond
Mars Opposition Sonne, Venus
Venus Quadrat Mondknoten.

Jupiter nähert sich rückläufig Trigon Mondknoten, Jupiter. Als stärkste Transite sind Mondknoten Konjunktion Mond (Verbindung mit der Frau) und das annähernde Trigon des Jupiter zu Mondknoten und Jupiter anzusehen.

Berechnen wir die Sonnenbogendirektionen nach dem rohen Schlüssel 1 Jahr = 1^0 (um nicht durch komplizierte Berechnungen die Untersuchung zu stören), so ist es charakteristisch, daß im weiblichen Geburtsbild Sonne und Mond 21^0 von einander entfernt sind und das Heiratsalter auch 21 Jahre beträgt. Gleichzeitig liegt hier das Trigon zur Venus des Hochzeitstages. Direktionale Verbindungen zwischen Sonne und Mond sind für Partnerschaften bezeichnend[8]). Gleichzeitig kam die vorgeschobene Sonne auf den Merkur, was auf berufliche Erfolge, Reisen, Ortsveränderung Bezug nehmen kann. Der Mars um 21^0 vorgeschoben erreicht 6^0 Krebs, also die Opposition zum Jupiter, was vor eine Entscheidung stellt, hier den Entschluß zur Ehe. Jupiter-Mars-Verbindungen spielen sehr häufig bei Heiraten eine Rolle. Saturn um 21^0 vorgeschoben erreicht das Trigon zum Jupiter, was auf eine glückliche Beziehung zu älteren Personen hinweist. Der Gatte war 10 Jahre älter.

Untersuchen wir die progressiven Konstellationen nach dem Schlüssel 1 Jahr = 1 Tag nach der Geburt, so sind die Gestirnstellungen für den 21. Juni 1889 zu untersuchen. An diesem Tage steht die Venus in 16^0 Stier und somit ist die ehehemmende Quadratur der Venus pr zu Saturn überwunden. Solche Feststellungen wird man sehr häufig machen, daß nicht unbedingt eine „Heiratskonstellation" vorhanden ist, sondern eine Hemmungskonstellation gerade überwunden wurde.

Der Ehemann hat bereits ein Alter von 31 Jahren 5 Monaten erreicht, so daß man die Differenzen von reichlich 31^0 beachten muß. Die Venus um 31^0 vorgeschoben erreicht ein Sextil zum Mars: Liebesverbindung, Geschlechtsverbindung. Der vorgeschobene Merkur hat gerade den Mondknoten überschritten, was den Gedanken oder Plan (Merkur) einer Verbindung (Mondknoten) darstellte. Uranus um 31^0 vorgeschoben erreicht das Trigon zum Jupiter: Plötzliche Glücksumstände, glückliche Lebenswendung. Gleichzeitig erreichte hier der Uranus den Ascendenten der Gattin.

Unter den progressiven Aspekten, die für den 31. Tag nach dem Geburtstag berechnet werden, also für den 8. 1. 1879, fällt auf, daß sich der Mars pr in 11° Schütze ☌ M/☊ am MC befindet und somit eine Lebenswendung von besonderer Bedeutung anzeigt, außerdem in der Halbsumme M/☊, was auf seelische Zuneigung und triebhafte Anziehung hinweist.

Zweimal unglücklich verheiratet

Weibl. Geburt am 4. 11. 1896, früh 3 Uhr, in München.

1. Mann geb. 15. 2. 1898, um 15 Uhr, in 12°10 ö. L. 48°30 n. Br.

1. Eheschließung am 13. 3. 1920.

Kind geb. 2. 3. 1921, gestorben am 10. 3. 1921, beerdigt am 13. 3. 1921 (also am Hochzeitstage).

Ehe geschieden am 22. 2. 1927, weil der Mann ein Verhältnis mit einer anderen Frau unterhielt, das nicht ohne Folgen blieb.

2. Eheschließung am 30. 5. 1928.

2. Mann geboren am 28. 10. 1895, um 3 Uhr, in 11°30 ö. L., 48° n. Br., Ehetrennung am 3. 7. 1930.

Das Geburtsbild der Frau zeigt das Zeichen Jungfrau am Ascendenten im Quadrat zum Mars, woraus sich eine kritische Einstellung ergibt, die leicht zu Differenzen führen kann. Die Sonne mit Saturn und Uranus im Skorpion deutet auf Durchsetzungskraft, Hartnäckigkeit in der Verfolgung der eigenen Ziele, starke seelische Spannungen, aufgeregtes Wesen, wobei auch Saturn mit Uranus Quadrat Mondknoten auf Mangel an Anpassung hinweist. Es fehlt ihr an Entgegenkommen und Herzlichkeit, so daß sich der Partner oft zurückgestoßen fühlen dürfte. Die starke Besetzung des Zeichens Skorpion kann auch auf Störung in den Unterleibsorganen hinweisen, die sich auch in der charakterlichen Haltung nachteilig auswirken kann. Mars und Neptun umschließen das MC, wodurch die Native von unterbewußten Regungen abhängig wird, sie hat zu wenig Herrschaft über sich selbst, läßt sich in ihren Stimmungen zu sehr gehen. Mond Konjunktion Merkur Trigon Mars deutet auf ein gefühlsbetontes Wollen und Handeln, oft eine zu große Offenheit und Impulsivität. Das marsische Element ist in diesem Kosmogramm ziemlich stark, nicht allein durch die Verbindung des Mars zu Mond und Merkur, als bedeutsamste Aspekte, sondern auch durch die Stellung der Sonne im Marszeichen Skorpion. Zu dieser Frau gehört daher unbedingt ein Partner, der nachgiebig ist, sich anpassen kann und jeden Konflikt zu vermeiden sucht.

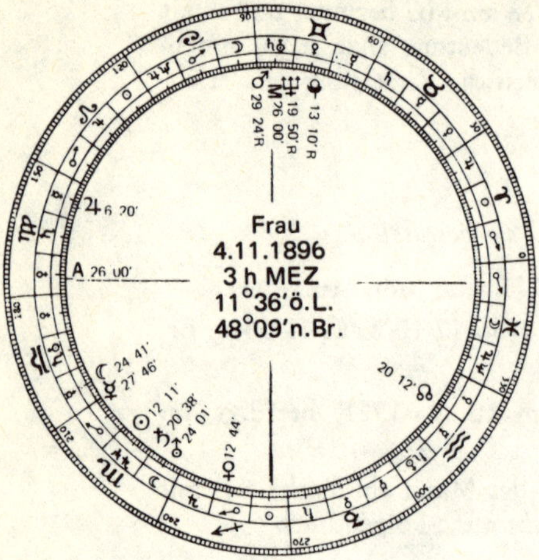

Abb. 3

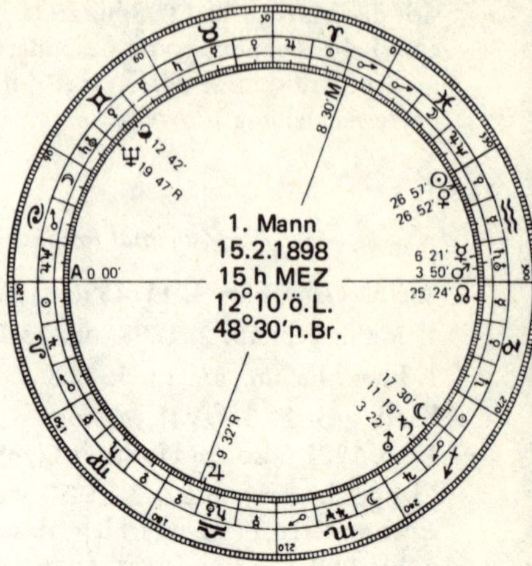

Abb. 4

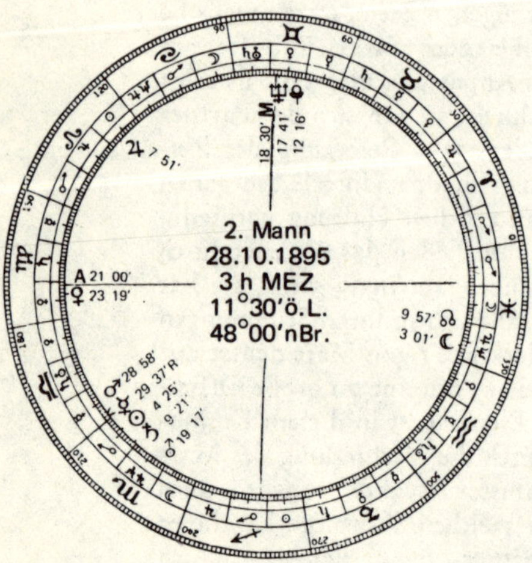

Abb. 5

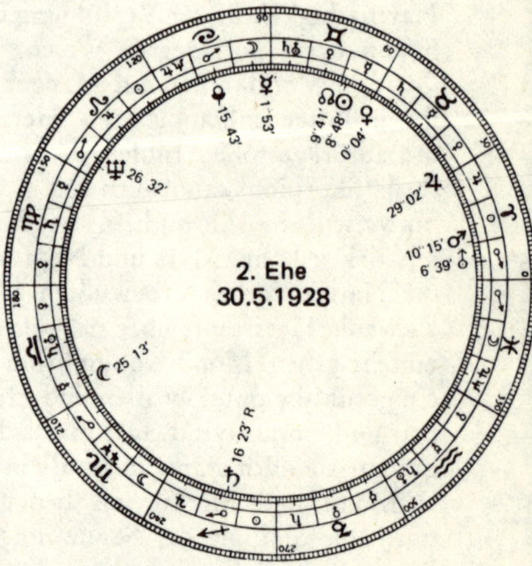

Abb. 6

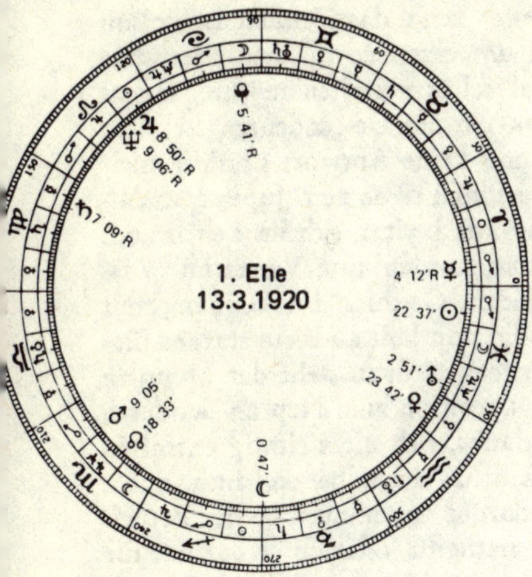

Abb. 7

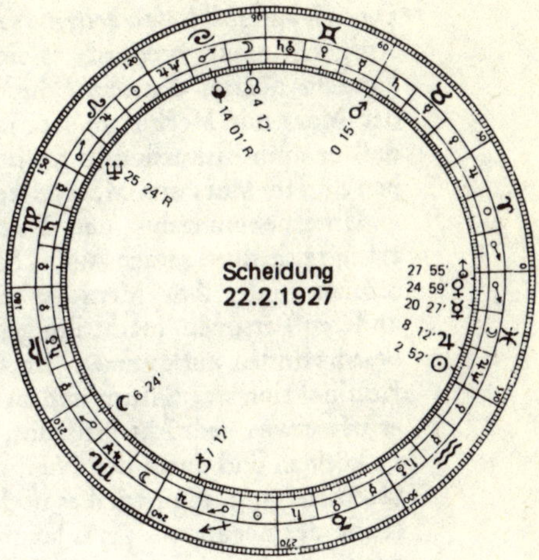

Abb. 8

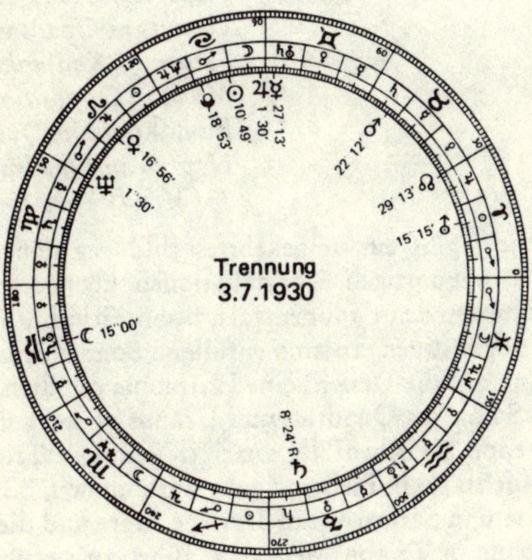

Abb. 9

Das Geburtsbild des ersten Mannes zeigt das Zeichen Löwe am Aufgangspunkt, wodurch es sich um einen energischen Menschen handeln dürfte, der sein Schicksal selbst gestalten möchte, zumal der Mars mit Merkur in Konjunktion am Descendenten steht, so daß er auch diskussionslustig ist und keine Antwort schuldig bleiben dürfte. Mars und Merkur stehen im Trigon zum Jupiter, so daß er Unternehmungslust und Tatendrang besitzt, sich im Leben auch erfolgreich durchsetzen kann. Sonne Konjunktion Venus im Wassermann gibt ihm Menschenkenntnis, Geschick im Umgang mit anderen Personen, macht ihn gesellig und läßt auch ein starkes Liebesempfinden aufkommen. Im Gegensatz dazu steht der Mond in Konjunktion mit Saturn und in Opposition zum Neptun, wodurch er oft etwas gedrückt erscheint, glaubt, sich nicht richtig entfalten zu können und durch den Neptuneinfluß sich selber und auch andere täuschen kann. Nun wird es noch darauf ankommen, ob der Betreffende der negativen Veranlagung nachgibt, oder ob er bewußt die günstigen Anlagen zu entwickeln sucht. Um den Grad der jeweiligen Entwicklung festzustellen, kann mitunter die Beurteilung der Handschrift gute Dienste leisten.

Der Vergleich der beiden Kosmogramme ergibt folgendes Bild:

Sonne, Venus m Trigon Mond, Merkur w
Sonne, Venus m Trigon Mars w

Sonne, Venus m Quadrat Uranus, Saturn w
Neptun m Konj. Neptun w
Uranus m Quadrat Jupiter w
Saturn m Konjunktion Venus w
Mond m Opposition Neptun w
Mondknoten m Quadrat Mond w
Neptun m Quadrat Mars/Venus w (21° ♍)

Diese Übersicht gibt ein umgekehrtes Bild gegenüber dem ersten Beispiel. Die ungünstigen Konstellationen überwiegen. Die günstigen Aspekte werden dadurch stark beeinträchtigt, daß sie gleichzeitig mit ungünstigen zusammenfallen. Sonne/Venus m Trigon Mond w kann auf die Dauer keine Harmonie erhalten, wenn gleichzeitig diese Sonne im Quadrat zum Uranus w steht und plötzliche oder aufregende Zwischenfälle anzeigt. Venus m Trigon Mond w läßt wohl eine stärkere Liebesneigung aufkommen, bis das Quadrat zu Uranus w und Saturn w auf Irrwege führt und die Liebe erkalten läßt. Sonne m Trigon Merkur w führt zu persönlichem Kontakt, zu einer Begegnung, doch braucht damit keine Liebe verbunden zu sein. Dieser Aspekt ist daher für das Liebesleben nicht von so großer Bedeutung, könnte aber bei einer guten Gegenüberstellung das geistige Verstehen vertiefen. Venus m Trigon Merkur w erzeugt zwar Liebesgedanken, die aber durch das Quadrat des Saturn w sich unter Umständen in das Gegenteil verkehren können. Sonne m Trigon Mars w gibt zwar den gemeinsamen Willen, einen eigenen Hausstand aufzurichten, aber Sonne m Quadrat Uranus w und Saturn w wirken erschwerend für gemeinsame Vorhaben.

Die Verbindung müßte günstiger beurteilt werden, wenn nicht gute und schlechte Aspekte auf Punkte fallen würden, die beiden Kosmogrammen gemeinsam sind. Man muß dabei immer in Betracht ziehen, daß diese Punkte eines Tages durch laufende Gestirne berührt werden und dann auch das gemeinsame Schicksal auslösen.

Nach den Regeln zur Vergleichsanalyse geben die gegenseitigen Aspekte folgende Hinweise:

Sonne Trigon Mond: Seelische Harmonie.

Venus Trigon Mond: Zuneigung, Liebe.

Sonne Trigon Merkur: Persönlicher Kontakt.

Venus Trigon Merkur: Liebesgedanken.

Sonne Trigon Mars: Gemeinsamer Wille.

Sonne Quadrat Uranus: Unverhoffte Zwischenfälle, Aufregungen.

Sonne Quadrat Saturn: Gemeinsame Sorgen, schweres Schicksal.

Venus Quadrat Uranus: Irrwege der Liebe, Untreue.

Venus Quadrat Saturn: Abkühlung der Liebe.

Neptun Konjunktion Neptun: Gemeinsame Enttäuschungen.

Uranus Quadrat Jupiter: Plötzliche Trennung, ungesetzliches Verhalten.

Saturn Konjunktion Venus: Abkühlung der Liebe.

Mond Opposition Neptun: Falsche Vorstellungen voneinander, Verwirrung der Gefühle.

Mondknoten Quadrat Mond: Ohne rechten seelischen Kontakt.

Neptun Quadrat Mars/Venus: Treulosigkeit, Ehebruch.

Die verschiedenen Hinweise auf Untreue haben sich bestätigt, denn die Ehe wurde wegen Untreue des Mannes am 22. 2. 1927 geschieden. Es ist charakteristisch, daß zu dieser Zeit der laufende Neptun in 25° Löwe stand, also im Quadrat zum Uranus der Frau und in Opposition zu Sonne/Venus des Mannes.

Versuchen wir noch einen Überblick über die wichtigsten Direktionen zu gewinnen:

Im Horoskop der *Frau* besteht ein Abstand von ca. 18° zwischen Uranus und Venus, so daß anzunehmen ist, daß bereits mit 18 Jahren ein besonderes Liebeserlebnis vorgelegen hat. Zwischen Sonne und Venus ist ein Abstand von reichlich 30½°, so daß mit reichlich 30½ Jahren eine neue Liebesverbindung gegeben war, die wahrscheinlich zum zweiten Eheschluß mit reichlich 32 Jahren führte. Mit 24 Jahren = 24° erreicht die vorgeschobene Sonne 6° Schütze, also das Quadrat zum Jupiter, wodurch auf die erste Eheschließung hingewiesen wird. Schiebt man den Jupiter um 23° = 23 Jahre vor, so erreicht dieser das Quadrat zum Mars um die Zeit der ersten Eheschließung. (Im ersten Beispiel ergab sich als Direktion Mars Opposition Jupiter für den Zeitpunkt der Entscheidung für die Ehe. Gerade Mars-Jupiter-Beziehungen wird man in sehr vielen Fällen bei Heiraten feststellen.) Schieben wir die Venus um 24° vor, so erreicht diese um das 24. Lebensjahr das Trigon zum Jupiter, so daß die Ehe zuerst sicher glücklich gewesen ist.

Der Mann ging die Ehe bereits mit 22 Jahren ein, so daß besonders der Abstand von 22° beachtet werden muß. Schiebt man Sonne und Venus um 22° vor, so erreichen diese das Quadrat zum Neptun (gleichzeitig auch das Quadrat zum Neptun der Gattin), was auf Irrwege der Liebe, Enttäuschung oder unglückliche Liebe hinweist. Der Mars um reichlich 22° vorgeschoben, erreicht zur Zeit der Heirat die Konjunktion von Sonne und Venus, was auf voreilige Handlungen, und gesteigerte Sinnlichkeit hinweist. Es ist daher anzunehmen, daß die Liebesverbindung vornehmlich auf einer triebhaften Anziehung beruhte.

Die Gestirnstellungen am Hochzeitstage müssen ebenfalls Schlüsse auf die Zukunft einer Ehe zulassen. Denn in dem Augenblick, da die magische Handlung des Ringwechsels geschieht, hört das Eigenleben des Menschen auf, von diesem Augenblick an ist das Ich an das Du gebunden, kann das Ich nicht mehr sein Leben nach eigenem Gutdünken einrichten, sondern hat auf das Du Rücksicht zu nehmen. Mit dem Beginn des Zusammenlebens vermischen sich die Ausstrahlungen der beiden Menschen, leben sie gewissermaßen in einer gemeinsamen Aura. (Im Hinblick auf das Tierleben könnte man sogar von einem gemeinsamen „Nestgeruch" sprechen. Die Redensart „Ich kann diesen Menschen nicht riechen" hat an sich eine viel tiefere Bedeutung als man annimmt.) In dem Augenblick, da das Jawort die Schicksale zweier Menschen zusammenkettet, müssen auch die kosmischen Kräfte eine Rolle spielen, und zwar ähnlich wie bei der Geburt, wo der Mensch als einzelnes Geschlechtswesen das Licht der Welt erblickt, während hier die Geburt des Gemeinschaftswesens, der Familie, erfolgt.

Der genaue Zeitpunkt der Heirat ist nicht bekannt, so daß hier die Mittagsstände angeführt werden können. Jupiter in Konjunktion mit Neptun, Quadrat Mars, deutet auf eine Entscheidung (Mars Quadrat Jupiter), die zu einer Enttäuschung (Neptun) führt. Der Saturn steht genau in der Mitte zwischen Sonne und Venus, was auf eine Erkaltung der Liebe und eine Trennung hinweisen kann. Dieser Saturn hat gerade den Jupiterort bei der Gattin überschritten und fällt beim Mann als Quadrat in die Mitte zwischen Saturn und Uranus.

Der laufende Neptun steht zwar im Sextil zum Jupiter des Mannes, doch kann dieser Aspekt nicht voll wirken, weil in der Mundanstellung Jupiter/Neptun Quadrat Mars fällig ist. Im Geburtsbild der Frau steht der laufende Neptun fast im Quadrat zur Sonne und Mars nähert sich der Sonne.

Die laufende Venus steht fast in Konjunktion mit der Venus m und im Quadrat zum Uranus w. Daß der Venus im Ehehoroskop aber keine gute Bedeutung zukommt, geht aus ihrer Stellung in der Mitte von Saturn und Neptun hervor, was Liebesleid andeutet. (Auf die Verwendung der Schnittpunkte oder Halbsummen wird im letzten Teil dieses Buches besonders eingegangen.)

Wirklich gute Aussichten gibt das Ehekosmogramm nicht. Den Beweis für seine Bedeutung erbringen die Konstellationen am *Scheidungstage, 22. 2. 1927*. Die laufende Sonne in 2°52 Fische steht in exakter Konjunktion mit Uranus des Hochzeitstages und bereitet hier der Spannung ein Ende, die durch Saturn Opposition Uranus angedeutet war. Der laufende Mond in 6° Skorpion (mittags) löst hier das Quadrat von Mars zu Neptun mit Jupiter aus. Neptun lfd hat die Opposition zur Venus überschritten, wobei zu bedenken ist, daß die Liebes(Venus)-Enttäuschung (Neptun) bereits vorher eingetreten sein muß. Der Uranus lfd steht hier in 27°55 Fische, fast in der Mitte zwischen Sonne und Merkur des Heirats-Horoskopes, was nach der KdG[7]) auf eine Lebensumstellung hinweist, in diesem Falle also die Umstellung von der Ehe auf die Ehelosigkeit. Saturn lfd in 7°12 Schütze erreichte hier fast minutengenau das Quadrat zum Saturn des Hochzeitstages. Diese Konstellation ist in jedem Falle nach 7 Jahren vorhanden, weil der Saturn rund 7 Jahre braucht, um ein Viertel des Tierkreises zu durchlaufen. Dem Volksmunde nach soll ja auch dann der siebenjährige Ehekrieg beendet sein, d. h. wenn eine Ehe erst einmal sieben Jahre bestanden hat, dann besteht Aussicht, daß sie auch weiterhin erhalten bleibt, obwohl es natürlich auch hier Ausnahmen gibt. Wir erinnern uns nun, daß der Saturn im Ehekosmogramm in der Mitte von Sonne/Venus auf eine Liebestrennung hinwies, die nun der laufende Saturn auslöst. Der Jupiter lfd in 8°12 Fische hat seit einigen Tagen die Opposition zum Saturn des Hochzeitstages überschritten. Bei der Gattin war am Hochzeitstage der Transit Saturn Konjunktion Jupiter fällig, am Scheidungstage stand Jupiter Quadrat Saturn am Himmel. Wer diese Zusammenhänge betrachtet, muß zugeben, daß hier nicht Zufall und Willkür walten, sondern daß zwischen den Kosmogrammen der Ehepartner, des Hochzeitstages und des Scheidungstages ein gesetzmäßiger Zusammenhang besteht.

Interessant ist es auch, die *progressiven Aspekte* bei Eheschließung und Trennung zu untersuchen. Nach dem Schlüssel 1 Tag = 1 Jahr entspricht bei der Ehefrau der Hochzeitstag mit reichlich 23 Lebensjahren dem 23. Tag nach der Geburt, also dem 27. 11. 1896 und die Ehescheidung mit reichlich 30 Jahren dem 30. Tag nach der Geburt, also dem 4. 12. 1896.

Am *27. 11. 1896*, dem Hochzeitsjahr entsprechend, sind folgende Gestirnverbindungen vorhanden:

Sonne pr 5°47 Schütze Quadrat Jupiter: Lebenserfolg. (Das Quadrat der beiden „gütigen" Gestirne Jupiter und Sonne braucht nicht als ungünstig angesehen zu werden.)

Saturn pr 23°25 Skorpion nähert sich der Konjunktion zum Uranus, die nach einigen Jahren exakt wird und somit die künftige Trennung anzeigt.

Mars pr 24°53 Zwillinge ist rückläufig und nähert sich dem Trigon zum Mond, was auf Heirat und Mutterschaft hinweist. Venus pr 11°25 Steinbock nähert sich dem Sextil zur Sonne, was als Liebesverbindung, Heirat, Zeugung zu werten ist, sofern auch andere Konstellationen darauf hinweisen. (Das Sextil als Direktion ist stärker anzusehen als ein Transit.) Die progressiven Aspekte weisen also einmal auf die Heiratsmöglichkeit aber auch auf die künftige Trennung hin.

Am *4. 12. 1896*, dem *Scheidungsjahr* entsprechend, sind fällig:
Sonne pr 12°53 Schütze hat gerade den Venusort überschritten. Ob sich zu dieser Zeit bereits eine andere Liebesverbindung angebahnt hat, ist nicht zu ermitteln.

Saturn pr 24°13 Skorpion hat gerade den Uranusort verlassen, so daß hier die Trennungskonstellation fällig wurde, die bereits zur Zeit der Eheschließung in Aussicht stand.

Beim *Ehemann* entspricht dem Heiratsjahr der 9. 3. 1898 und dem Scheidungsjahr der 16. 3. 1898.

Im *Hochzeitsjahr* waren fällig:

Sonne pr 19° Fische Quadrat Neptun, was auf eine Enttäuschung hinweist.

Jupiter pr 7°27 Waage rückläufig steht annähernd im Trigon zum Merkur, das aber erst etwa 9 Jahre später fällig war, nachdem bereits die Scheidung vollzogen war. Man beachte hierbei, wie genau die progressiven Aspekte berechnet werden müssen, gerade bei den langsam laufenden Gestirnen, die sich progressiv oft nur wenige Minuten innerhalb eines Tages bzw. eines progressiven Jahres bewegen.

Venus pr 24°16 Fische (am folgenden Tage 25°31) im Sextil zum Mondknoten, kennzeichnet eine Liebesverbindung.

Mars pr in 20°52 Wassermann erreicht die Konjunktion mit Sonne, Venus erst nach der Scheidung.

Die progressiven Aspekte, die auf eine Ehe hinweisen, müssen als sehr schwach bezeichnet werden.

Bei der *Trennung* waren fällig:

Jupiter pr 6°36 Waage rückläufig nähert sich dem Trigon zum Merkur, so daß der Mann wahrscheinlich in den folgenden Jahren glücklicher gewesen ist.

Mars pr 26°19 Wassermann in annähernder Konjunktion mit Sonne, Venus, kennzeichnet die zweite Liebesverbindung.

Venus pr 3° Widder im Trigon zum Uranus nimmt ebenfalls auf die neue Liebesverbindung Bezug.

Die Trennung der Ehe dürfte daher für den Mann weniger schmerzlich gewesen sein als für die Frau.

Das Geburtsbild des zweiten Mannes, 28. 10. 1895, früh 3 Uhr, zeigt am Ascendenten das Zeichen Jungfrau wie bei der Frau, so daß also in dieser Hinsicht eine ähnliche und keine ergänzende Veranlagung vorliegen dürfte. Es wird alles vom eigenen Standpunkt und vom eigenen Vorteil aus betrachtet, während es schwer fällt, sich in die Lage des anderen hineinzuversetzen und sich dem Wesen des anderen anzupassen. Die Sonne im Skorpion in Konjunktion mit Saturn, also ähnlich wie bei der Gattin, ist wieder als sehr ungünstig anzusehen. In dieser Konstellation liegt daher auch die spätere Trennung schon verankert. Sonne und Saturn im Quadrat zum Jupiter weisen auf Eheschwierigkeiten hin, zuweilen auch Verzögerung der Ehe. Die Heirat erfolgte erst mit reichlich 32 Jahren. Sonne im Trigon zum Mond ist für das Zusammenleben als günstig anzusehen, aber dieses Trigon kann den Saturneinfluß nicht völlig aufheben. Mars in Konjunktion mit Merkur in der Waage entspricht der Merkur-Mars-Konjunktion beim ersten Mann im Wassermann. Eigensinn und Streitlust gefährden hier ein Zusammenleben mit anderen Personen, wobei nur der Einfluß des Zeichens Waage etwas mildernd wirkt. Durch Venus in der Jungfrau wird das Liebesleben zu sehr vom Verstand beherrscht. Der Saturn steht hier in der Mitte zwischen Uranus und Mars, Merkur, was häufig zu starken inneren Spannungen führen kann, die leicht zu Aufregungen mit anderen Personen Anlaß geben. Charakteristisch ist auch die Stellung von Merkur und Mars in der Mitte, bzw. in der Halbsumme von Neptun und Mondknoten, was nach der KdG[7]) bedeutet: Sich von Verbindungen falsche Vorstellungen machen, sich nicht anpassen können, disharmonisches Zusammenleben. Die Frau gab auch in ihrem Bericht an, daß dieser Mann sehr egoistisch und streitsüchtig veranlagt war. Das geht am besten aus folgendem Vorfall hervor: Die Frau wurde am 30. 5. 1930 an das Sterbelager ihres Vaters gerufen und blieb bis zu dessen Tode am 4. 6. 30 im Elternhaus. Obwohl der Mann während der Abwesenheit durch seine Mutter versorgt wurde, machte er der Frau wegen des langen Ausbleibens die größten Vorwürfe und drohte ihr, sie zu erstechen.

Daraufhin erfolgte dann die Trennung am 3. 7. 1930.

Die Gegenüberstellung der Kosmogramme führt zu folgendem Ergebnis:

Mond m Trigon Sonne w (9^0 Orbis?): Seelische Harmonie.

Mondknoten m Trigon Sonne w: Harmonisches Beisammensein.

Jupiter m Trigon Venus w (7^0 Orbis?): Glückliche Liebesverbindung.

Venus m Sextil Saturn w: In Treue verbunden.

Venus m Sextil Uranus w: Zuneigung von kurzer Dauer.

Mars m Trigon Mars w: Gemeinsamer Erfolg.

Merkur m Trigon Mars w: Gemeinsam etwas leisten.
Venus m Konjunktion A w: Körperliche Anziehung.
Neptun m Trigon Mondknoten w: Geistige Verbundenheit.

Ascendent m Konjunktion Ascendent w: Ähnliche Veranlagung und Interessen.
Sonne m Konjunktion Sonne w: Ähnliche Veranlagung.

MC m Konjunktion Neptun w: Enttäuschung.
Saturn m Konjunktion Sonne w: Hemmungen, Schwierigkeiten, Gefahr der Trennung.
Uranus m Konjunktion Saturn w: Gewaltsame Trennung, Trennung durch tragisches Geschick.
Uranus m Konjunktion Uranus w: Gemeinsame Aufregungen.
Uranus m Quadrat Mondknoten w: Entfremdung, Zwischenfälle.
Mond m Opposition Jupiter w: Schwanken zwischen Neigung und gesetzlicher Bindung.
Mondknoten m Opposition Jupiter w: Disharmonische Beziehung.
Mondknoten m Quadrat Venus w: Nachteilige Liebesverbindung.
Neptun m Konjunktion Neptun w: Gemeinsame Enttäuschungen.
Jupiter m Quadrat Sonne w: Meinungsverschiedenheiten.
Venus m Quadrat Neptun w: Verirrung, Untreue, Enttäuschung.
Venus m Quadrat Mars w: Sinnenrausch mit folgender Ernüchterung.
Venus Quadrat Mars/Neptun w: Falsche Vorstellungen von der Liebe.

In der Gegenüberstellung ist unter den günstigen Aspekten eigentlich nur Venus Konjunktion A als stark zu bezeichnen, wodurch auch beide Partner zusammengeführt worden sind. Die ungünstigen Aspekte überwiegen nicht nur, sondern sind auch besonders stark. *Das Ehekosmogramm vom 30. 5. 1928* zeigt zunächst die Sonne in Konjunktion mit dem Mondknoten, was für Verbindungen charakteristisch ist. Saturn steht genau in der Mitte von Venus und Merkur, so daß die Liebesgedanken (Merkur/Venus) sich leicht in Trennungsgedanken (Saturn) verwandeln können. Saturn steht gleichzeitig in der Halbsumme Uranus/Neptun, was Haltlosigkeit, Pessimismus, Trennung bedeuten kann. Die Venus in der Halbsumme Merkur/Jupiter ist eine Konstellation der Verliebtheit und der Liebesschwärmerei.

Setzen wir das Ehekosmogramm in Beziehung zum Geburtsbild des Mannes, so erkennen wir Sonne und Mondknoten im Sextil zum Jupiter, als Begünstigung einer Verbindung. Merkur lfd hat gerade das Trigon zu Mars und Merkur überschritten und nähert sich dem Trigon zum Mond, was auf den Heiratsentschluß hinweist. Nachmittags während der Hochzeitsfeier tritt auch der Mond lfd in Konjunktion mit Mars und Merkur. Saturn hat im Rücklauf gerade die Opposition zum Neptun überschritten, doch wiederholt sich die gleiche Stellung in einigen Monaten und hat sicher hier die erste größere Enttäuschung oder Verstimmung hervorgerufen. Uranus lfd nähert sich dem Trigon zum Jupiter, was die Heirat zunächst als eine glückliche Lebenswendung ansehen läßt. Jupiter in 29° Widder steht in Opposition zum Mars mit Merkur, als charakteristische Konstellation für eine Lebensentscheidung. Auch bei früheren Beispielen wurden mehrfach Mars-Jupiter-Aspekte festgestellt. Es sind also durchaus Heiratskonstellationen vorhanden, aber andererseits fehlen auch die nachteiligen Aspekte nicht.

Bei der Frau läuft der Mond über den Radixmond mit Merkur und Trigon Mars, wobei es sich um eine ähnliche Stellung handelt wie beim Mann. Der Saturn hat rückläufig die Opposition zu Neptun überschritten und nähert sich der Konjunktion mit der Venus, er steht an sich im Quadrat zur Mitte Venus/Neptun, was auf eine Enttäuschung in den Liebesempfindungen hinweist. Mars erhöht im annähernden Trigon zur Venus die Triebhaftigkeit. Jupiter steht begünstigend im Sextil zum Mars. Die Venus in 0° Zwillinge tritt am folgenden Tage in die Achse Venus/Saturn, so daß hier bereits die erste Ernüchterung stattgefunden haben dürfte.

Die Ehedirektionen werden beim Mann ermittelt in der rohen Form für das Alter von 32½ Jahren durch Abstände von ca. 32°. Die vorgeschobene Sonne erreicht dann das Trigon zum Jupiter, was als eine glückliche Ehedirektion anzusehen ist. Jupiter kommt vorgeschoben in Opposition zum Aufsteigenden Mondknoten, d. h. also in Konjunktion mit dem Absteigenden Mondknoten, was für eine Verbindung nicht als günstig angesehen werden kann.

Die *progressiven* Gestirne werden errechnet für den 32. Tag nach der Geburt, d. h. den *29. 11. 1895*. Die Sonne in 7° Schütze steht im Trigon zum Jupiter, da sich bei der Sonne die vorgeschobenen und progressiven Stände decken müssen. Jupiter pr 9°08 Löwe steht annähernd im Quadrat zum Saturn, was auf Ehe(Jupiter)-Schwierigkeiten (Saturn) hinweist, wenn auch der Aspekt nicht ganz exakt ist (16' Differenz). Gute Venus-Mars-Beziehungen fehlen vollkommen. Bei der Frau wurde die zweite Ehe ebenfalls mit knapp 32 Jahren geschlossen. Die vorgeschobene Sonne hat leider die Venus bereits überschritten, doch ist es möglich, daß diese Konstellation vorher zur Bekanntschaft geführt hat.

Als Berechnungstag für die progressiven Konstellationen der Frau gilt der 6. 12. 1896. Fällig ist hier nur Merkur in 19°13 Schütze in Opposition zum Neptun, was auf eine große Enttäuschung hinweist.

Der Trennungstag, 3. 7. 1930, zeigt den Neptun in 1°30 Jungfrau, also in der annähernden Opposition zum Uranus im Kosmogramm des 1. Eheschlusses, wodurch auf die verworrenen Zustände hingewiesen wird. Der Mann geht zwar aus dem Haus, aber die Ehe wird nicht geschieden, weil das Gericht keinen Grund erkennt. Denn der Ehefrau kann durch den Besuch bei ihrem totkranken Vater kein Vorwurf gemacht werden. Jupiter 1°30 Krebs nähert sich dem Trigon zum Uranus, so daß die Lösung vielleicht als gut bezeichnet werden kann.

Bei der Ehefrau waren folgende Transite fällig:

Saturn rückläufig in 8°24 Steinbock nähert sich dem Trigon zum Jupiter, was als glückliche (Jupiter) Trennung (Saturn) zu bezeichnen ist. Jupiter in 1°03 Krebs hat gerade den Mars überschritten, es ist also wieder eine Entscheidung gefällt worden. Mars in 22°12 Stier steht genau in Opposition zur Halbsumme Saturn/Uranus, was nach der KdG[7]) als „gewaltsame Lösung von Spannungen" anzusehen ist. Merkur in 27°13 Zwillinge hat das Trigon zum Mond überschritten, steht jetzt genau im Trigon zum Merkur und annähernd in Konjunktion mit M/Mars, wodurch der Ehestreit (Merkur/Mars) sein Ende findet.

Beim Ehemann ergeben sich folgende Transite: Die Sonne in 10°49 Krebs hat das Trigon zu Saturn und Mondknoten gerade überschritten, d. h. die Sonne steht gleichzeitig in der Halbsumme von Saturn/Mondknoten, worüber in der KdG die Deutung zu finden ist: „Gern allein sein wollen, sich in Gegenwart anderer gehemmt fühlen. — Der getrennte Ehemann . ." Diese Deutung kann wohl nicht treffender sein. Der Neptun in 1°30 Jungfrau nähert sich der Opposition zum Mond, was als Enttäuschung (Neptun) durch die Frau (Mond) zu deuten ist. Dagegen ist Jupiter in 1°30 Krebs im Trigon zum Mond als Glücks(Jupiter)-Gefühl (Mond) oder glückliche (Jupiter) Frau (Mond) zu bezeichnen. Der Merkur 27°13 Zwillinge kommt am folgenden Tage ins Trigon zu Mars und Merkur, so daß sich hier wieder eine ähnliche Konstellation bildet wie bei der Ehefrau.

Damit soll zunächst der Überblick über die Untersuchung der Eheveranlagung in den einzelnen Geburtsbildern, Gegenüberstellung der Partnerkosmogramme, die Berechnung der Transite und Direktionen für den Heiratstag abgeschlossen sein.

Regeln zur Vergleichsanalyse

Bis zum Erscheinen der ersten Auflage dieses Buches ist m. W. keine übersichtliche Einführung in die methodische Untersuchung von Partnerkosmogrammen mit besonderen Regeln zur Vergleichsanalyse erschienen. Diese Regeln sind auch nur als Ableitungen der üblichen Deutungsformeln aufzufassen. Die Kurzfassung der Kombinationen erleichtert aber die Arbeit und gibt auch eine gewisse Sicherheit. Keine Regel ist aber ohne Ausnahme, jede Regel ist nur Hilfsmittel, maßgebend ist die freie Kombination der Deutungselemente. Dieser Hinweis möge ganz besonders beachtet werden, selbst dann, wenn sich herausstellt, daß die hier wiedergegebenen Kombinationen oftmals eine verblüffende Treffsicherheit aufweisen, wie von zahlreichen Lesern der früheren Auflagen bereits bestätigt wurde.

Die einzelnen Aussagen sind an keine besondere Arbeitsmethoden gebunden, sondern sie stellen eine Synthese dar aus Tradition und neueren Forschungen, sie gründen sich nicht allein auf die Art der Aspekte, sondern hauptsächlich auf die Kombination der Natur der einzelnen Gestirne. Ob eine Verbindung von Deutungsfaktoren als günstig oder ungünstig anzusehen ist, muß dem einzelnen Beurteiler überlassen bleiben. Denn nur die Zusammenfassung verschiedener Aspekte eines Gestirns, sein „kosmischer Zustand“ kann ausschlaggebend sein, nicht aber der einzelne Aspekt. Wenn z. B. die Sonne ein Trigon zur Venus aber gleichzeitig auch ein Quadrat zum Saturn bildet, wird keineswegs das Trigon zur vollen günstigen Auswirkung kommen, andererseits wird aber auch das Quadrat in seiner ungünstigen Aussage gemildert werden; es ist aber auch möglich, daß Transite oder Direktionen zu einer bestimmten Zeit die günstige und zu einer anderen die ungünstige Bedeutung in Erscheinung treten lassen.

In der Vergleichsanalyse kommt den einzelnen Gestirnverbindungen oft eine andere Bedeutung zu als bei der Auslegung eines einzelnen Geburtsbildes. Sonne Konjunktion Sonne kann eine gleichartige Veranlagung bezeichnen, die nicht so günstig ist wie eine ungleichartige oder ergänzende Veranlagung, wie sie die Gegenüberstellung anzeigt, so daß die Opposition als Charakterergänzung und somit als günstig anzusehen ist. Werden nun Konjunktion oder Opposition durch transitierende oder direktionale Gestirne ausgelöst, so ergibt das ein gemeinsames Schicksal, dessen Charakter durch die Natur der Gestirne angezeigt wird. Läuft der Saturn über die gemeinsame Konjunktion oder Opposition, so bedeutet das Bewährung in einer kritischen Lage, geht der Jupiter darüber — auch in der Opposition — so ist mit einer günstigen Auslösung zu rechnen. Es sind genug Beispiele bekannt, daß gerade Jupiter in Opposition zum Sonnenort eine durchaus günstige Auslegung bedingte, sofern diese nicht gleichzeitig durch ungünstige Aspekte abgewandelt wird. Es wäre viel richtiger, man würde nicht von günstigen und ungünstigen Auslösungen sprechen, sondern von harmonischen und disharmonischen Aspekten, von Konstellationen, die anziehen oder gleichgültig lassen, die verbindend oder trennend wirken. Eine solche Einteilung würde aber in der Übersichtlichkeit sehr erschwerend wirken, so daß der Einfachheit halber die einzelnen Gestirnverbindungen mit + und — bezeichnet werden. Da der Konjunktion jeweils eine besondere Bedeutung zukommt, ist diese durch K angedeutet. Unter + sind allgemein Sextil und Trigon, unter — Quadrat, Opposition zu verstehen.

Wenn einzelne Gestirne in Partnerkosmogrammen an der gleichen Stelle des Tierkreises stehen (z. B. Jupiter in beiden Fällen in den Fischen) dann ergibt sich eine entsprechende gleiche Veranlagung, stehen gleiche Gestirne in Quadrat oder Opposition, so bedeutet das eine ergänzende Veranlagung (z. B. Merkur in Krebs und Steinbock), stehen zwei Gestirne im Trigon (z. B. Venus in Widder und Löwe), so weist die Veranlagung der Natur des Planeten entsprechend ähnliche Züge auf.

Sonne : Sonne

1. + K Ähnliche, gleichartige Veranlagung.

2. — Ergänzende Eigenschaften.

Sonne : Mond

3. + K Seelische Harmonie, Verschmelzen von Geist und Seele, Aufgehen des Ich im Du. (Besonders günstig, wenn Sonne im männlichen und Mond im weiblichen Zeichen.)

4. — Seelische Konflikte, Widerstreit zwischen Geist und Seele, mehr Nebeneinander- als Ineinanderleben.

Sonne : Merkur

5. + K Aneinander denken, persönlicher Kontakt, geistige Anregung.

6. — Störung der Gedankenverbindung. (Wenn auch andere kritische Konstellationen mitsprechen.)

Sonne : Venus

7. + K Starke gegenseitige Anziehung, feste Bindung, harmonisches Geschlechtsleben.

8. — Disharmonische Geschlechtsverbindung. (Opposition und Quadrat werden nur dann als ungünstig zu werten sein, wenn auch andere ungünstige Faktoren mitsprechen.)

Sonne : Mars

9. + Harmonische Verbindung zwischen Geist und Wille, gemeinsam etwas schaffen, gemeinsame Erfolge.

10. — K Geist und Wille sind gegeneinander gerichtet, nur durch größte Selbstbeherrschung lassen sich Streitigkeiten und Fehlschläge überwinden.

Sonne : Jupiter

11. + K Gemeinsam glücklich sein, gute Zeiten erleben.

12. — Meinungsverschiedenheiten, ungesetzliche Verbindung, Konflikte.

Sonne : Saturn

13. + Pflichtgefühl füreinander, Standhaftigkeit, Festigkeit, für einander einstehen.

14. — K Der Saturn hemmt die Sonne an freier Entfaltung, geistige Unterdrückung des einen Teils durch den anderen, gemeinsame Sorgen, Schwierigkeiten durch Anverwandte, Mangel an Anpassung, Trennung.

Sonne : Uranus

15. + Geistige Befruchtung, gegenseitige Anregung, Förderung.

16. — K Unverhoffte Zwischenfälle, gegenseitige Aufregung, Aufregung durch dritte Personen.

Sonne : Neptun

17. + Geistige Bindung mit hohen Idealen.

18. — K Gestörte Harmonie durch Überempfindlichkeit, Schwächlichkeit, Krankheit eines Partners, Enttäuschungen, Wirrnisse.

Sonne : Pluto

19. + Energische Verfolgung gemeinsamer Ziele.

20. — K Ein Partner sucht den anderen zu unterdrücken. Trennung, oftmals durch höhere Gewalt.

Sonne : Mondknoten

21. + K Geistige oder körperliche Verbindung, harmonisches Zusammenleben.

22. — Störung der Verbindung.

Sonne : Ascendent

23. + K Harmonische Verbindung, körperliche Anpassung.

24. — Geringe Anpassung.

Sonne : MC

25. + K Gemeinsames Lebensziel, Verbindung von Körper und Seele.

26. — Ungleiche Ziele.

Mond : Mond

27. + K Ähnliche Gemütsanlagen.

28. — Ungleiche, evtl. ergänzende Gemütsanlagen.

Mond : Merkur

29. + K Gefühlsbetontes Denken aneinander.

30. — Zweifel, unterbrochener Kontakt.

Mond : Venus

31. + K Zuneigung und Liebe, Wunsch nach Kindern.

32. — Überreizung oder Fehlleitung des Trieblebens führt zu Disharmonie, Liebeskonflikte.

Mond : Mars

33. + Tiefe Leidenschaft, gefühlsbetontes gemeinsames Wollen, Wunsch nach Kindern.

34. — K Triebhafte Verbindung mit starken Spannungen.

Mond : Jupiter

35. + K Glücksgefühle füreinander.

36. — Schwanken zwischen Neigung und gesetzlicher Bindung.

Mond : Saturn

37. + Anhaltende Gefühle füreinander.

38. — K Gegenseitige Hemmung oder Bedrückung (Saturn drückt auf den Mond des anderen). Ernüchterung.

Mond : Uranus

39. + Plötzliche starke Gefühle füreinander, plötzliche gegenseitige Beeinflussung und Anregung.

40. — K Gefühlsausbrüche, Aufregungen, ein Teil regt oft den anderen auf, ohne daß ein besonderer Anlaß gegeben ist.

Mond : Neptun

41. + Empfindliche Verbindung, seelisch begründete Hoffnungen hegen, sehr viel voneinander erwarten, schwärmen.

42. — K Das Gefühl füreinander täuscht, falsche Vorstellungen voneinander, Irrtum, Enttäuschung.

Mond : Pluto

43. + Starke gefühlsmäßige Bindung.

44. — K Seelische Erschütterungen.

Mond : Mondknoten

45. + K Seelische Verbindung.

46. — Gestörter seelischer Kontakt.

Mond : Ascendent

47. + K Seelisch-körperliche Anziehung, gegenseitige Beeinflussung.

48. — Anziehung mit folgender Disharmonie.

Mond :	MC
49. + K	Seelisches Aufgehen ineinander, starke seelische Bindung.
50. —	Seelisches Leid, Störung des seelischen Kontaktes.
Merkur :	Venus
51. + K	In Liebe aneinander denken, durch Liebesgedanken verbunden sein.
52. —	Abirrende Liebesgedanken, die Liebe zu leicht nehmen.
Merkur :	Mars
53. +	Gemeinsame Ziele, Zusammenarbeit, gemeinsame Leistung.
54. — K	Sich gegenseitig reizen, beunruhigen, aufregen, Streit durch Nervosität des einen Partners.
Merkur :	Jupiter
55. + K	An gemeinsames Glück denken, erfolgreiches Schaffen.
56. —	Unehrlichkeit zueinander, Konflikte.
Merkur :	Saturn
57. +	Ernste Gedanken austauschen, schwierige Probleme lösen wollen.
58. — K	An Trennung denken, häufig getrennt sein (durch Beruf, Reisetätigkeit usw.).
Merkur :	Uranus
59. +	Gegenseitige Anregungen, Verwirklichung gemeinsamer Pläne.
60. — K	Sich gegenseitig beunruhigen, aufregen, den anderen in seinem Denken umformen wollen.
Merkur :	Neptun
61. +	Die Gedanken des anderen aufnehmen, gegenseitige Gedankenübertragung.
62. — K	Sich gegenseitig falschen Vorstellungen hingeben, sich täuschen.
Merkur :	Pluto
63. +	Sich gedanklich beeinflussen.
64. — K	Widersprüche, gegenteilige Meinung.

Merkur : Mondknoten

65. + K In Gedanken verbunden sein.

66. — In Gedanken abirren.

Merkur : Ascendent

67. + K Gute Unterhaltung, angenehmes Zusammensein, gesellschaftliche Verbindung.

68. — Geringe gegenseitige Anregung, sich gegenseitig falsch beurteilen.

Merkur : MC

69. + K Sich verstehen, sich gegenseitig etwas bedeuten, gemeinsame Vertiefung in Probleme.

70. — Gegensätzliche Anschauungen.

Venus : Mars

71. + Harmonischer körperlicher Ausgleich, glückliche Befriedigung, immer wieder neuen Reiz aufeinander ausüben, triebhafte Neigung offenbaren.

72. — K Liebe auf den ersten Blick, Sinnenrausch mit folgender Ernüchterung, übermäßiges Liebesverlangen führt zu Nachteilen, Entfremdung, Krankheit.

Venus : Jupiter

73. + K Glückliche Liebesverbindung, Liebesglück.

74. — Unstimmigkeiten in sittlicher oder moralischer Beziehung, Liebe ohne Standesamt, Spannungen im Liebesleben. (Opposition braucht nicht ungünstig zu sein.)

Venus : Saturn

75. + In Treue verbunden. Heirat aus praktischen Erwägungen heraus.

76. — K Erkalten der Liebe, Ernüchterung, getrennte Liebe. (Käufliche Liebe?)

Venus : Uranus

77. + Liebe auf den ersten Blick, Zuneigung von kurzer Dauer.

78. — K Liebesabenteuer, Irrwege der Liebe, Untreue.

Venus : Neptun

79. + Platonische Liebe, sich „anhimmeln", selten vergeistigte Liebe.

80. — K Enttäuschung, Verirrung, Perversitäten, Untreue. (Infektion). Liebessehnsucht ohne Erfüllung, Eifersucht.

Venus : Pluto

81. + In den Liebespartner „verschossen" sein, sich unter innerem Zwang zu einem Liebespartner hingezogen fühlen.

82. — K Wollust, Unsittlichkeit, Übertreibungen führen zu Entfremdung.

Venus : Mondknoten

83. + K In Liebe verbunden.

84. — Nachteilige Liebesverbindung.

Venus : Ascendent

85. + K Liebesbekanntschaft, körperliche Anziehung.

86. — Disharmonische Geschlechtsverbindung. (Opposition ist nicht ungünstig.)

Venus : MC

87. + K Individuelle Liebe, seelische Bindung, herzliche Zuneigung.

88. — Seelische Konflikte. (Opposition nicht ungünstig.)

Mars : Jupiter

89. + Glückliche Vereinbarungen treffen, sich verloben, verheiraten.

90. — Vor Entscheidungsfragen gestellt sein, weltanschauliche, konfessionelle oder gesetzliche Konflikte.

Mars : Saturn

91. + Gemeinsam Leid überwinden, Krisen bestehen.

92. — K Schweres Schicksal, getrennt werden.

Mars : Uranus

93. + Gemeinsame plötzliche Erlebnisse, Gefahren überwinden.

94. — K Auflehnung gegeneinander, schwere Aufregungen, Gewalttätigkeiten.

Mars : Neptun

95. + Abhängigkeit vom Willen des anderen, viele Pläne.

96. — K Uneinigkeit im Wollen und Handeln, Untergrabung der Verbindung, gegenseitige Infektion.

Mars : Pluto

97. + Viel Energie zur Erreichung gemeinsamer Ziele einsetzen.

98. — K Gewalttätigkeiten.

Mars : Mondknoten

99. + Triebhafte Verbindung, gemeinsames Wollen, Geschlechtsverbindung.

100. — K Mangel an Anpassung, Streit.

Mars : Ascendent

101. + Geschlechtliche Reize aufeinander ausüben, sich anziehen, Zeugungsdrang.

102. — K Sich gegenseitig aufregen, Auseinandersetzungen, Tätlichkeiten.

Mars : MC

103. + Gegenseitige seelische Beeinflussung.

104. — K Seelische Aufregungen, Streit.

Jupiter : Saturn

105. + Dauerverbindung, die Ehe erhalten wollen.

106. — K Eheverzögerung, Schwierigkeiten in der Ehe, Gefahr der Trennung.

Jupiter : Uranus

107. + Plötzliche Bekanntschaft, übereilte Heirat.

108. — K Unvorhergesehene Zwischenfälle, starke Spannungen, Trennung durch unrechtmäßiges Verhalten eines Partners.

Jupiter : Neptun

109. + Von Glück träumen, hohe Ideale in der Ehe, geistiges Streben.

110. — K Sich Glück vortäuschen, schwindende Hoffnungen, Untergrabung einer gesetzlichen Bindung.

Jupiter : Pluto

111. + Gemeinsames Erfolgsstreben.

112. — K Nachteile durch Verschwendung, gemeinsame Verluste.

Jupiter : Mondknoten

113. + K Gute Beziehungen, glückliche Verbindung.

114. — Disharmonische oder ungesetzliche Beziehungen.

Jupiter : Ascendent

115. + K Glückliche Bekanntschaft, gute Anpassung, gutes Verstehen.

116. — Unrechtmäßige Beziehungen. (Opposition braucht keineswegs ungünstig zu sein.)

Jupiter : MC

117. + K Glücksempfinden, gemeinsames Erfolgsstreben.

118. — Schwankendes Glück. (Opposition ist nicht ungünstig.)

Saturn : Uranus

119. + Verbindung mit der Möglichkeit späterer Trennung.

120. — K Mangel an Anpassung, plötzliche Trennung, tragisches Geschick.

Saturn : Neptun

121. + Sich falschen Erwartungen hingeben.

122. — K Gefahr langsamer Zerrüttung, unglückliche Verhältnisse, Störung des Eheglücks durch Krankheit.

Saturn : Pluto

123. + Krisen überwinden wollen.

124. — K Schwerer Lebenskampf, sich nicht entfalten können, Trennung.

Saturn : Mondknoten

125. + Verbindung erhalten wollen.

126. — K Mangel an Anpassung, einer verläßt den andern.

Saturn : Ascendent

127. + Verbindung mit älterem Partner, gemeinsam Erfahrungen machen, Treue.

128. — K Durch Rücksichtnahme gehemmt sein, eines unterdrückt den anderen.

Saturn : MC

129. + Schwierigkeiten gemeinsam überwinden wollen.

130. — K Am andern leiden, eins unterdrückt den anderen.

Uranus : Neptun

131. + Eigenartige Verbindung, bei der übersinnliche oder ungewöhnliche Verhältnisse mitsprechen können.

134. — K Unklare oder eigenartige Verhältnisse wirken störend, verworrene Zustände führen zu Trennung.

Uranus : Pluto

135. + Die Verbindung verlangt große Umstellung gegenüber bisherigen Verhältnissen.

136. — K Aufregungen, Gewalttätigkeiten.

Uranus : Mondknoten

137. + Plötzliche Verbindung (meist von kurzer Dauer).

138. — K Aufregungen, Zwischenfälle können zu Trennung führen.

Uranus : Ascendent

139. + Plötzlich zusammenkommen, plötzliches Erleben.

140. — K Unruhige und aufregende Verhältnisse.

Uranus : MC

141. + Starke seelische Beeinflussung, notwendige Umstellung durch eine Verbindung.

142. — K Seelische Aufregungen.

Neptun : Pluto

143. + Eigenartige Schicksalsverbindung.

144. — K Verworrene Verhältnisse.

Neptun : Mondknoten

145. + Auf seltsame Weise zusammenkommen, platonische Liebe, geistige Verbundenheit.

146. — K Aussichtsloses Verhältnis, Untergrabung der Verbindung.

Neptun : Ascendent

147. + Sich falschen Vorstellungen über den anderen hingeben.

148. — K Gegenseitige Täuschung, sich etwas vormachen, sich betrügen oder hintergehen.

Neptun : MC

149. + Sich für den anderen begeistern, schwärmen.

150. — K Liebe vortäuschen, sich verstellen, seelisches Leid.

Pluto : Mondknoten

151. + Seltsame Schicksalsverkettung.

152. — K Tragische Verbindung, Trennung durch unvorhergesehene Ereignisse.

Pluto : Ascendent

153. + Ungewöhnliche Bekanntschaft, seltsame Anziehung.

154. — K Eines leidet unter dem anderen, Herrschsucht des einen über den anderen.

Pluto : MC

155. + Gemeinsame Ziele kraftvoll durchführen wollen.

156. — K Eins möchte den anderen für eigene Ziele mißbrauchen, schwere Lebenskrisen.

Mondknoten : Ascendent

157. + K Zusammenkommen, gesellschaftlich zusammensein.

158. — Erschwertes Zusammenleben.

Mondknoten : MC

159. + K Ein Herz und eine Seele sein.

160. — Nachteilige Bindung, Mangel an Anpassung, nicht ganz bei der Sache sein.

Ascendent : Ascendent

161. + K Ähnliche Veranlagung, ähnliches Milieu.

162. — Gegensätze ziehen sich an.

Ascendent : MC

163. + K Körperliche und seelische Harmonie.

164. — Körperliche und seelische Anlagen ergänzen sich.

MC : MC

165. + K Ähnliche Ziele und Interessen.

166. — Ergänzung in den Lebenszielen.

II

Die Deutung der Gestirne in den Tierkreiszeichen

im Hinblick auf Eheveranlagung und Eheschicksal

Wie aus den durchgeführten Beispielen zu ersehen ist, müssen vor dem Vergleich der Partnerkosmogramme die einzelnen Geburtsbilder genauer untersucht werden, um daraus zunächst die Tendenz des Einzelschicksals zu erkennen. Wenn nun versucht wird, die Stellung der einzelnen Gestirne ganz ausführlich zu erläutern, so muß aber davor gewarnt werden, diese Deutungen einzeln zu verwerten. Es ist unmöglich, allein aus einem einzelnen Gestirnstand Schlüsse zu ziehen, sondern nur aus der Deutung des gesamten Geburtsbildes kann das richtige Urteil gewonnen werden. Aus diesem Grunde sind die in Massenauflagen hergestellten Schriften über das Thema „Welcher Mann und welche Frau paßt zu Dir?“ zu verwerfen, weil sich diese fast nur auf den Sonnenstand beziehen.
Die in den letzten Jahren an Hand von ca. 2500 Fällen durchgeführte Statistik über den Sonnenstand hat zwar ergeben, daß diesem eine besondere Bedeutung zukommt, aber erst das Zusammenspiel der Sonne mit allen anderen Faktoren des Geburtsbildes kann eine „Eheprognose“ verantworten.

Die Sonne

entspricht dem inkarnierten Geist, dem „Gottesfunken“ im Menschen, dem „lebenden Wesen“ überhaupt. Das geht auch aus dem Sonnensymbol ☉ hervor, das einen Punkt, den Lebens- oder Gottesfunken, mit einem Kreis, mit der körperlichen Hülle, umgibt. So stellt die Sonne gleichzeitig das Geistige und das Körperliche dar, den gesunden Geist im gesunden Körper, das mens sane in corpore sano.

Die Sonne entspricht gleichzeitig dem männlichen Prinzip im Gegensatz zum Mond, der das weibliche Prinzip verkörpert. Eine starke Stellung der Sonne verstärkt daher auch die männlichen Eigenschaften, zeigt den Mann in seiner ganzen Männlichkeit, die Frau aber auf dem Wege zur Vermännlichung. Aus der Stellung der Sonne kann man oft schon ersehen, wer in der Ehe die Führung übernimmt.

Die Sonne im Widder verstärkt die männlichen Eigenschaften in besonderem Maße, kennzeichnet Tatmenschen, die mit Eifer ihren Willen durchsetzen, vom Ehrgeiz angetrieben werden, überall gern die Führung übernehmen. Es sind „gespannte Außenmenschen“ (Extravertierte), die positiv und elektrisch sind, die Entschlossenheit, Initiative, Zielbewußtsein, Gestaltungskraft, Begeisterung, Geistesgegenwart, Selbstvertrauen und Furchtlosigkeit zeigen, die frisch, unternehmend, selbständig, eigenmächtig, stolz, aber auch hastig, aufbrausend, anmaßend, gewalttätig sein können. Männer mit der Sonne im Widder zeigen sich in ihrer vollen Männlichkeit, sind jedem Lebenskampf gewachsen, verlangen unbedingte Anerkennung und vertragen keinen Widerspruch. Sie können daher auch nur mit einer Ehegefährtin auf die Dauer auskommen, die sich gern führen läßt, die zu ihrem Mann vertrauend aufschaut und auch ein hartes Wort des Mannes einmal mit in Kauf nimmt. Oft binden sich „Widdernaturen“ an anpassungsfähige Frauen, die auch meist bedeutend jünger sind. Eine gewisse Gefahr für die Ehe besteht dann, wenn die jüngere Frau mit zunehmendem Alter eine größere Selbständigkeit entwickelt, den eigenen Willen durchsetzen und keineswegs nur die „Geführte“ sein möchte. Eine Ehekrise ist dann sehr leicht möglich. Diese kann besonders dadurch herbeigeführt werden, wenn der Mann längere Zeit abwesend ist (z. B. durch Auslandsreisen, Einberufung zum Militär, Kriegsdienst, berufliche Tätigkeit außerhalb des Wohnortes usw.) und die Frau dadurch eine größere Selbständigkeit entwickeln mußte.

Frauen mit der Sonne im Widder sind ebenso zäh in der Verfolgung ihrer Ziele, auch sie werden oft zu Kämpfernaturen, was allerdings auf Kosten der weiblichen Anmut gehen kann. Diese Frauen sind nicht gern abhängig, gehen nebenbei gern einem Beruf nach und wollen keineswegs nur auf das Haushaltgeld des Mannes angewiesen sein. In diesem Falle wird vom Mann die größere Anpassung verlangt, die Frau „herrscht“ in der Ehe. Für den verweiblichten“ Mann ist daher eine solche Frau durchaus die richtige Ergänzung. Die Zeitverhältnisse haben es oft mit sich gebracht, daß die Frau berufstätig ist und der Mann zum großen Teil die Hausarbeiten der Frau übernehmen muß.

Bei den Widdernaturen steht das Lebensziel oft höher als die Ehe, so daß diese aufgegeben wird, wenn sie den ins Auge gefaßten Plänen hinderlich ist.

Ein religiöser Fanatiker, in dessen Geburtsbild die Sonne in Opposition zum Jupiter und im Trigon zum Mars steht, ließ sich von seiner ersten Frau scheiden, weil eine andere sich seinen weltanschaulichen Zielen besser anpaßte und dafür stärkstes Interesse zeigte. Diese zweite Frau wurde allerdings erst dann geheiratet, als das Zusammenleben in der Öffentlichkeit Anstoß erregte.

Oftmals ist das Festhalten an Selbständigkeit und Unabhängigkeit die Ursache, daß solche Naturen lieber auf eine Ehe verzichten, um ohne eheliche Bindung ihre Aufgabe besser erfüllen zu können.

Die Stellung der Sonne im Widder ist keineswegs ungünstiger als in anderen Zeichen, aber sie verlangt einen anpassungsfähigeren Ehepartner.

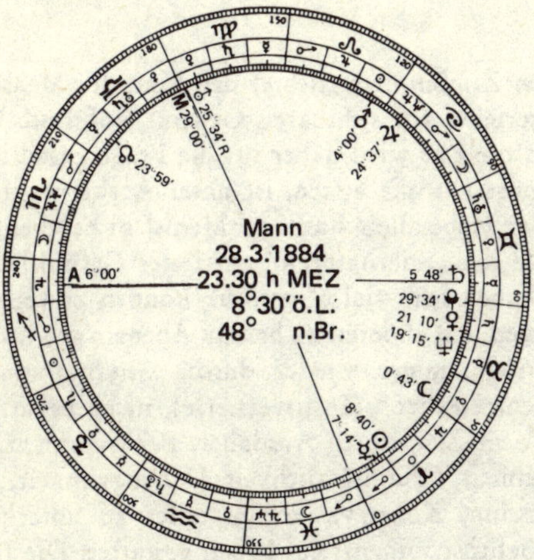

Abb. 10

Die Widdernaturen haben zuweilen auch eine besonders hohe Auffassung von Liebe und Ehe, verzichten aber dann lieber auf eine Heirat, weil das ins Auge gefaßte Idealbild in der Wirklichkeit nicht gefunden wird. Dann bleibt die Sehnsucht nach „höherer" Liebe ungestillt, wie es einer Frau erging, in deren Geburtsbild Sonne und Venus gleichzeitig im Widder stehen und gleichzeitig verschiedene hindernde Aspekte für eine Ehe vorhanden waren.

Als Beispiel für die Sonne im Widder diene das Geburtsbild eines Mannes (Abb. 10), der trotz angesehener Stellung, trotz Vermögen, trotz guter äußerer Erscheinung und aller anderen guten Voraussetzungen sich nicht zu einer Heirat entschließen konnte. Er war einmal verlobt, war mehrfach lose Liebesverbindungen eingegangen, heiratete aber nicht. Die Sonne steht in Konjunktion mit Merkur im Widder, dazu im Trigon zum Mars, so daß er zu sehr „Verstandesmensch" war, eine zu starke Kritik übte, zu sehr in seinem Beruf und seinen Zielen aufging, und dadurch die Sehnsucht nach Heim und Familie, den eigenen Idealen entsprechend, ungestillt blieb. Die Konjunktion von Venus mit Neptun ließ ihn wohl oft in erotischen Phantasien schwelgen, gab ihm vielleicht auch eine etwas eigenartige Veranlagung, so daß er nicht die richtige Ergänzung fand. Bezeichnend ist dabei die Stellung des Saturn in Opposition zum Ascendenten, die auf Mangel an Anpassung hinweist.

Die Sonne im Zeichen Stier richtet den Sinn des Menschen stärker auf das Materielle, auf sichtbaren Gewinn, auf feste Grundlagen. In Bezug auf die Ehe wird daher oft die Frage gestellt: „Was hast Du, was kannst Du mir bieten, ist unser Auskommen gesichert?", denn „von der Liebe allein kann der Mensch nicht leben!" Trotzdem zeigen gerade die „Stiernaturen" ein tiefes Gefühlsleben, sie sind herzensgut, haben sehr viel Mitgefühl, können zuweilen sogar das Letzte hergeben, um anderen zu helfen. Aber ein gewisser Hang zum Egoismus dringt immer wieder durch. „Stiernaturen" sind „gespannte Innenmenschen" (Introvertierte), mehr negativ und magnetisch, mit dem Ziel, durch Ausdauer, Beharrlichkeit, Gründlichkeit, Besonnenheit, Grundsätzlichkeit, Unbeugsamkeit, Sachlichkeit, Wirklichkeitssinn, Konservativismus, alles zu unternehmen, was ihnen ein möglichst sorgenfreies Leben gestattet. Die Leidenschaftlichkeit verlangt frühzeitig nach Befriedigung, so daß ein Versagen der Triebwünsche oft psychische Folgen hat. Diese Menschen gehen oft schwer aus sich heraus, sie brauchen lange, bevor sie sich jemandem anvertrauen, sie sind etwas schwerblütig, sind mehr Dulder als Kämpfer.

Die Männer sind meist treusorgende Familienväter, die sich ihrer Pflichten voll bewußt sind, sofern nicht andere Konstellationen dagegen sprechen. Die „Stierfrauen" bemühen sich redlich um das Wohl der Familie und sorgen auch dafür, daß das Heim immer einen harmonischen und schönen Eindruck macht.

Für alle Genüsse des Lebens sind die „Stiergeborenen" gern zu haben, können auch verschwenderisch sein, um aber zu anderen Zeiten auch wieder verzichten zu können.

Es wird immer danach getrachtet werden, die Ehe zu erhalten. Wird aber eine solche getrennt, so bleiben diese Menschen selten für sich allein, weil Enthaltsamkeit für sie ein zu großes Opfer bedeutet.

Steht die Sonne im Stier in Verbindung mit Saturn, so fällt es schwer, eine Ehe zu erhalten, weil sich diese Menschen alles zu sehr

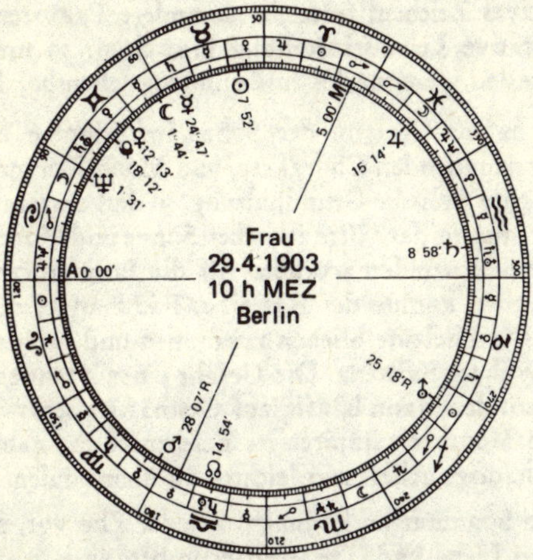

Abb. 11

zu Herzen nehmen und kaum die Fähigkeit haben, über einen Ehekonflikt leicht hinwegzukommen. Ein Mann mit Sonne im Stier Konjunktion Saturn konnte eine Ehe 9 Jahre erhalten, wurde geschieden, ging eine neue Ehe ein, die bereits wieder nach einem halben Jahre getrennt wurde.

Ein besonders tragisches Erleben geht aus vorstehender Zeichnung (Abb. 11) hervor. Das junge Mädchen hatte Beziehungen zu zwei Liebhabern, konnte sich nicht entscheiden, welchen sie heiraten sollte und verübte aus diesem Grunde Selbstmord. Die Native hatte eine sehr gute Stellung in einem Bankhause, brach zunächst ein Liebesverhältnis ab wegen Krankheit des Mannes, verlobte sich wieder und geriet in einen so furchtbaren Zwiespalt, daß sie eines Nachts unter Abwesenheit der Eltern Schlafpulver nahm und den Gashahn aufdrehte. Der Tod erfolgte am 16. 8. 1926, als der laufende Mars genau in Konjunktion mit der Sonne und im Quadrat zum Saturn stand, während der laufende Saturn sich in ca. 20° Skorpion befand, genau in der Mitte zwischen Sonne und Mond, um dadurch die Trennung (Saturn) der Liebespartner (Sonne und Mond) anzudeuten. Der Entschluß zur Tat geht aus Uranus lfd Opposition Mars hervor. Dieses Beispiel zeigt, in welche Seelenqualen sich Menschen mit ungünstiger Stellung der Sonne im Stier steigern können, so daß sie es ganz besonders notwendig haben, in einem verständnisvollen Ehepartner eine Stütze zu finden. Stier ist ein negatives Zeichen, treten noch andere Faktoren hinzu, die auf eine negative Lebenseinstellung hinweisen, so muß ein Ehepartner gefunden werden, dessen Grundzug lebensbejahend ist.

In Abb. 12 hat das Trigon der Sonne im Stier zu Mondknoten einen stark verbindenden Charakter, und Mond Konjunktion Jupiter gibt eine gute seelische Grundhaltung, so daß einzelne Ehekrisen, die durch Neptun in der Mitte zwischen Sonne und Mond angedeutet sind, leichter überwunden wurden. Als die Frau trotzdem an eine Scheidung dachte, konnte der Rat eines Fachmannes die Trennung verhindern. Die Eheleute blieben zusammen und rangen weiter um die Erhaltung ihrer Existenz. Die Gefahr einer Trennung lag darin begründet, daß der Mann häufig auf Geschäftsreisen war. Doch die Konjunktion Mond mit Jupiter im Zeichen Fische gab die Veranlagung, das häufige Alleinsein leichter zu überwinden.

Irgendwelche Spannungen kommen in jeder Ehe vor, müssen auch auftreten, um Liebe und Treue zu erproben und das Zusammengehörigkeitsgefühl um so mehr zu festigen.

Die Sonne im Zeichen Zwillinge kennzeichnet „gelöste Außenmenschen" (Extravertierte), die positiv und elektrisch sind, die über Aktivität, Aufgewecktheit, Beredsamkeit, Schlagfertigkeit, verfügen, aber auch oft Flachheit, Zerstreutheit, Oberflächlichkeit zeigen können. Sie sind entgegenkommend, gesellig, freundlich, zuvorkommend, natürlich, mitteilsam, flink, gewandt, betriebsam, aber auch neugierig, aufdringlich, wandelbar, abwechslungsbedürftig. Hier finden sich auch manche „Schmetterlingsnaturen", die gern im fremden Garten naschen und daher einen Lebensgefährten brauchen, an dem sie einen festen Halt finden. Männliche wie weibliche Naturen nehmen das Leben oft etwas leicht, sind schwärmerisch veranlagt und brauchen einen Partner, der das Leben ernster auffaßt.

Wenn Menschen mit der Sonne im Zwilling einen Ehepartner haben, der mit „beiden Füßen auf der Erde" steht und etwas materiell gesinnt ist, so kann das durchaus gut sein, denn der „Zwilling“ mit seinen vielseitigen Interessen wird schon dafür sorgen, daß das Geld auch wieder unter die Leute kommt.

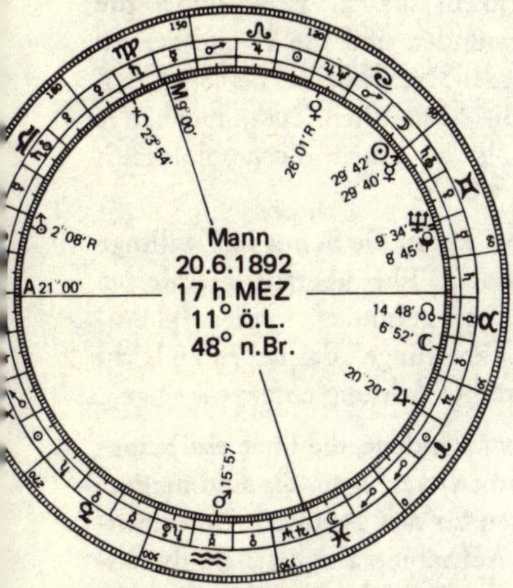

Abb. 12

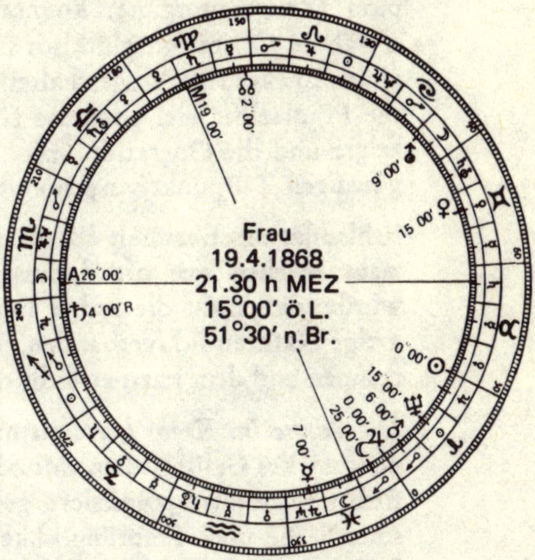

Abb. 13

Die „Zwillingfrau“ möchte zum Ehepartner aufschauen, möchte schwärmen und entzückt sein, um sich zu gegebener Zeit vom Partner auch wieder in Grenzen halten zu lassen. Ungern wird es aber ertragen, nur Hausmütterchen oder Hausvater zu spielen, sondern das Leben muß auch Anregungen bieten, muß abwechslungsreich sein, um dann um so lieber den Pflichten in Haus und Beruf nachzugehen.

Eine Frau, bei deren Geburt die Sonne im Zwilling in Opposition zum Saturn stand, hatte in ihrer Ehe einen sehr schweren Stand, weil der Kontrast zwischen ihrer idealen und mehr großzügigen Lebensanschauung und dem krassen Materialismus des Mannes zu groß war. Trotzdem brachte die Frau es fertig, bis ins hohe Alter bei ihrem Mann zu bleiben, obgleich sich dieser auch der Untreue und mancher Gewalttätigkeiten schuldig machte. Es gibt also auch „Zwillingsfrauen“, die sehr große Opfer bringen können.

Abb. 13 zeigt das Geburtsbild eines Geschäftsmannes, der sehr glücklich mit seiner Frau lebte. Die Ehe war nur dadurch getrübt, daß sich die sehnsüchtig erwarteten Nachkommen erst sehr spät einstellten, nachdem sich die Frau einer Operation unterzogen und dadurch die Voraussetzungen auch dafür gegeben waren. Die ungünstige Opposition von Mond (Frau) im Stier zum Uranus im Skorpion (Zeugungsorgane) konnte also in diesem Falle durch die erwähnte Operation glücklich überwunden und die Grundlage zu einem Ehekonflikt ausgeschaltet werden. Nebenbei sei bemerkt, daß die Frau selbst viel Interesse für die kosmischen Zusammenhänge zeigte und die Operation mit Erfolg an einem kosmobiologisch günstigen Zeitpunkt vorgenommen wurde.

Fehlschläge in Ehen mit Partnern, bei denen die Sonne in Zwillinge steht, ergeben sich oft daraus, daß die Ehe übereilt geschlossen wurde, daß nicht die rechte Ergänzung gefunden, sondern gleichartige Naturen sich verbanden, daß „Zwillinge" das Leben zu leicht nehmen und dem Partner nicht die rechte Achtung entgegenbringen.

Die Sonne im Krebs gestaltet meist Menschen, die über ein besonders starkes Gefühlsleben (Mondzeichen) verfügen. Sie sind magnetisch und negativ polarisiert, gehören zu den „gelösten Innenmenschen", die über Empfänglichkeit, Aufnahmefähigkeit, Eindrucksfähigkeit, Einbildungskraft, Phantasie, Beobachtungsgabe, eine sehr starke Liebesfähigkeit, Gemüt und Humor verfügen, die sich verträglich, anschmiegsam, hilfsbereit, bedächtig, selbstzufrieden, beeinflußbar, aber auch bequem, kleingläubig, launenhaft, verlegen und befangen zeigen. Gerade die Verbindung zwischen gütigem Wollen und einfacher Herzlichkeit macht diese Menschen liebenswert, ihre sparsame und häusliche Veranlagung kann viel zur Erhaltung und Sicherung der Ehe beitragen. Sie heiraten gern früh und aus wirklicher Liebe mit dem Drang, bald Vater oder Mutter zu werden. Überempfindlichkeit kann zuweilen Grund zu Disharmonie geben. Die Männer lieben Heim und Familie über alles und sind froh, wenn sie sich nach der Arbeit Frau und Kindern widmen können. Die Frauen zeichnen sich durch besondere Herzlichkeit und wahre Mütterlichkeit aus.

Der Wille dieser Menschen ist aber keineswegs trotz ihrer Anpassungsfähigkeit und Nachgiebigkeit zu unterschätzen, sie erreichen trotzdem — oft auf Umwegen — ihr Ziel. Sie werden auch alles daran setzen, ihre Ehe und ihr Heim zu erhalten. Finden sie nicht die rechte Gegenliebe, so tragen sie sehr schwer an ihrem Herzeleid und bringen große Opfer, bevor sie sich wirklich zu einer Trennung entschließen können.

Bei manchen Menschen mit der Sonne im Krebs erweisen sich Hemmungen und Schüchternheit als so stark, daß sie trotz größter Sehnsucht nach Liebe doch nicht zu dem rechten Lebenspartner finden können.

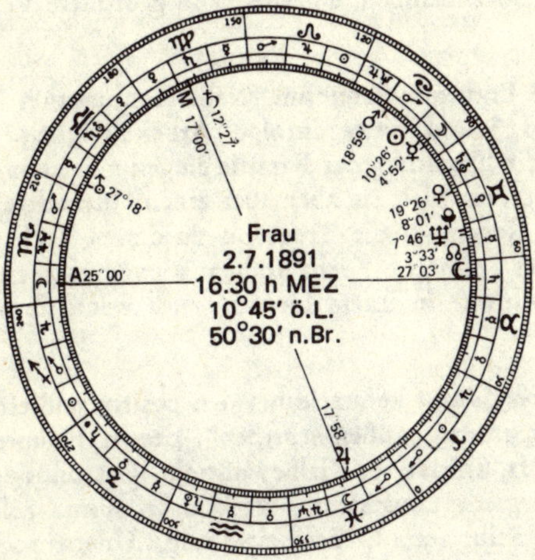

Abb. 14

Eine Lehrerin, in deren Kosmogramm die Sonne im Krebs in Konjunktion mit Saturn Quadrat Mars stand, mußte dadurch ein eheloses Leben vorziehen.

Abb. 14 zeigt das Geburtsbild einer Frau, die sehr häuslich und tüchtig ist. Sie lebte mit ihrem Mann viele Jahre in völlig gesicherten und ruhigen Verhältnissen. Durch unerklärliche Ereignisse geriet der Mann in Schulden, verlor seine Stellung und zeigte ein eigenartiges Verhalten, das auf heimliche Beziehungen schließen ließ. Trotzdem war die Liebe der Frau so stark, daß sie trotz mehrfacher Gründe und zahlreicher Schwierigkeiten nicht in eine Scheidung einwilligen wollte. Die Ernüchterung und Enttäuschung ist gegeben durch Venus mit Neptun im Quadrat zum Saturn, wobei das Quadrat des Saturn in die Mitte von Venus und Neptun fällt, was nach der KdG[7]) die Aussage enthält „sich aus Liebe quälen, krank sein durch Liebe, Ernüchterung". Die Eheschwierigkeiten traten ein, als der laufende Neptun das Quadrat zu Radixneptun und die Konjunktion mit Saturn erreichte, also die ungünstige Konstellation im Geburtsbild auslöste. Andererseits gab ihr aber Sonne mit Mars im Trigon zum Jupiter die Kraft, um die Ehe zu erhalten und den Kampf aufzunehmen, um wieder in geordnete Verhältnisse zu kommen.

Eine andere Frau mit Sonne im Krebs Konjunktion Mars Trigon Jupiter und Mond hatte infolge Arbeitslosigkeit des Mannes schwer um die Erhaltung der Familie ringen müssen und hatte auch Erfolg. Trotzdem hielt sie aber auch einem Jugendfreund — ohne Wissen des Gatten — die Treue bis zu dessen Tode. Denn Menschen mit der Sonne im Krebs können schwer vergessen, sie behalten alle Eindrücke in ihrem Herzen, auch wenn sie nicht darüber reden.

Die Sonne im Löwen kennzeichnet den positiv und elektrisch geladenen, „gespannten Außenmenschen", dessen Haupteigenschaften sind Tatkraft, Initiative, Zielbewußtsein, Entschlossenheit, Begeisterung, Organisationstalent, Wirklichkeitssinn, Selbstsicherheit, Kraftfülle, Selbstgefühl, Freiheitsdrang, Unerschrockenheit und Klugheit. Diese Menschen sind eifrig, unternehmend, umsichtig, vertrauenswürdig, überlegen, standesbewußt, stolz, vornehm, freigebig, gesellig, ausgelassen, aber auch oft leichtsinnig, überheblich, anmaßend, widerspruchsvoll, prahlerisch, eingebildet. Die Ehe wird nicht immer aus reiner Liebe, sondern oft aus Zweckmäßigkeitsgründen eingegangen, aus Drang nach Reichtum, Titel, Glanz und Würden, um mehr gelten zu können. Die Männer zeigen sich gern als „Herren der Schöpfung", wollen repräsentieren, leiten, angeben und verlangen Unterordnung. Die Frauen geben oft zu viel für Kleidung und Luxus aus, so daß der Geldbeutel des Mannes nicht immer ausreicht, um alle Wünsche zu befriedigen, während andererseits immer Dienstboten zur Hand sein möchten, um sich nicht selbst die Finger schmutzig zu machen.

Das gute Herz der Löwenaturen ist meist nur solange vorhanden, als es ihnen selbst gut geht. Kommen schlechte Zeiten und müssen sie sich mit einfachen Verhältnissen begnügen, werden sie leicht unzufrieden, kommen in Schulden oder versuchen auf Kosten anderer zu leben. Es gibt aber gerade unter den Löwetypen auch ganz vortreffliche Menschen, die jeder Lage gewachsen sind, die auch alle Kraft einsetzen, um Krisen zu überwinden und die auch treusorgende Ehegatten sind. Es kommt ganz darauf an, wie die Sonne und die anderen Gestirne in Beziehung zueinander stehen.

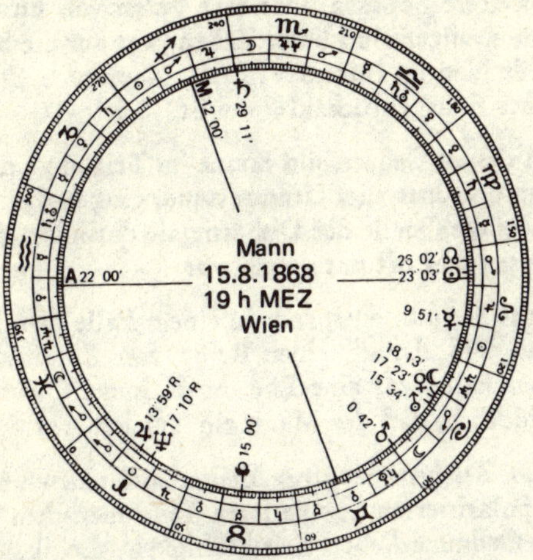

Abb. 15

Abb. 15 zeigt einen außergewöhnlichen Fall. Es handelt sich hier um einen Wiener Schriftsteller, der als uneheliches Kind vermögender Eltern geboren wurde, die aber durch einen Börsenkrach um alles gekommen sind. Der Native mußte sich bereits mit 24 Jahren einer Operation unterziehen, deren Ursache in einem ausschweifenden Liebesleben lag. Neptun im Quadrat zu Venus, Uranus und Mond deutet im Radixbild daraufhin. Ein Jahr später heiratete er ein armes Mädchen, was an sich der Sonnenstellung im Zeichen Löwe nicht entspricht. Er bezeichnet die Verbindung als eine wirkliche Liebesheirat. Große Schwierigkeiten traten auf durch seinen Vater (Sonne Quadrat Saturn), der diese Ehe als nicht standesgemäß bezeichnete. Der Vater verfluchte sogar den Sohn am Hochzeitstage. Schon nach vier Jahren starb die Gattin. Erst im Alter von 40 Jahren wurde eine neue Ehe eingegangen, die sich aber bald als eine Enttäuschung herausstellte. Später huldigte der Native wohl mehr oder weniger der freien Liebe und wandte sich als Schriftsteller vornehmlich den sexuellen Problemen zu. (Venus Konjunktion Uranus und Mond).

Abb. 16 zeigt dagegen das Kosmogramm einer Frau. Die Konjunktion von Sonne, Merkur, Jupiter und Venus läßt an sich auf ein glückliches Liebesleben schließen. Aber der Saturn und Uranus stehen im Quadrat dazu. Nach der Geburt von zwei Kindern wurde die Ehe durch einen tödlichen Unglücksfall des Gatten getrennt. Das weitere Schicksal war eine Folge von Enttäuschungen mit Ausnahme weniger glücklicher Zeiten, was auf die Konjunktion von Mond mit Neptun (Mond = Frau, Neptun = Enttäuschung, also enttäuschte Frau) zurückzuführen ist.

Ein Mann, in dessen Geburtsbild Sonne im Trigon zum Mond aber gleichzeitig im Quadrat zum Uranus stand, ging nacheinander zwei Ehen ein, wobei die Quelle der Disharmonie darin lag, daß er durch berufliche Reisen sehr oft unterwegs war.

Sonne Quadrat Neptun entsprach in einem Falle dem frühen Tod des Verlobten und danach einer Reihe von Enttäuschungen. In einem anderen Falle war eine Ehe durch Sonne Quadrat Neptun dadurch unglücklich, daß der Mann ein Trinker war.

Die Sonne im Zeichen Jungfrau deutet auf einen „negativ und magnetisch" polarisierten „gespannten Innenmenschen" (Introvertierten) mit Ordnungsliebe, Kritikfähigkeit, Logik, Systematik, Kleinlichkeit, Aufmerksamkeit, Geschicklichkeit, Konservativismus, Vernünftigkeit, Gründlichkeit, Kombinationsgabe, Zähigkeit, Sachlichkeit, Intelligenz, Beobachtungsgabe, aber auch Pedanterie, Widerspruchsgeist, Unentschlossenheit. Im Umgang sind diese Menschen bescheiden, zuverlässig, gemessen, anspruchslos, einfach, sparsam, fleißig, tüchtig, stetig, strebsam, oft auch nervös, verschlossen, unaufrichtig, ängstlich, launenhaft, unzufrieden, spröde. Weniger entwickelte Naturen zeigen sich engherzig, engstirnig, geizig, kritiklustig, streitsüchtig, auf höherer Stufe stehende Menschen zeigen sich einfach, zurückhaltend, haushälterisch, vorbildlich. Die Männer sind meist ausgesprochene Pflichtmenschen, die nüchtern und sachlich ihrer Arbeit nachgehen, ihrer Gattin aber gern wegen Kleinigkeiten Vorschriften machen. Die Frauen sind sorgfältige und ordentliche Hausfrauen, die jeden Pfennig richtig anzulegen wissen und immer für einen gewissen Rückhalt sorgen.

Die Jungfraumenschen sehen ihre Lebensaufgabe darin, im Kleinsten getreu zu sein, vergessen aber oft, das Ganze im Auge zu behalten. Sie brauchen zum Ausgleich ihres Wesens einen Menschen, der sie zur Großzügigkeit, Erweiterung des Gesichtskreises und zur

Anerkennung der Meinungen und Urteile anderer erzieht. Wer aus der „Kleinlichkeitskrämerei“ nicht herauskommen kann, wird den Ehegefährten zuweilen zur Verzweiflung treiben können.

Viele „Jungfraumenschen“ können sich schwer zu einer Ehe entschließen, weil ihr kritischer Blick immer darauf aus ist, Fehler zu entdecken und gute Seiten zu übersehen. Weibliche Jungfrautypen ergreifen daher auch sehr gern einen Beruf, ohne jedoch ganz auf ein Liebesglück zu verzichten. Oftmals wird nach einer mit Enttäuschung endenden Verbindung eine zweite Ehe eingegangen, die in vielen Fällen glücklicher ist.

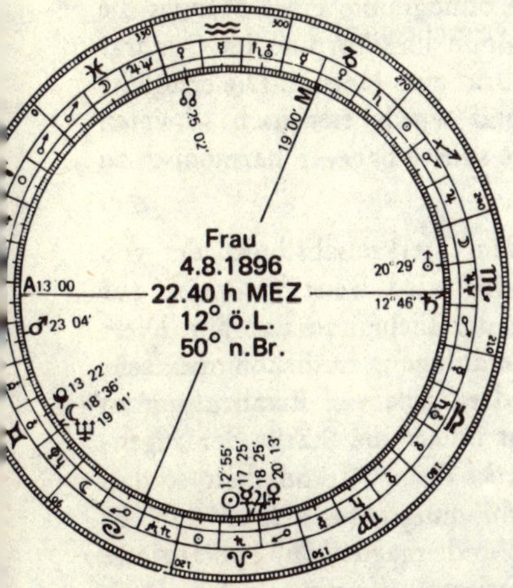

Abb. 16

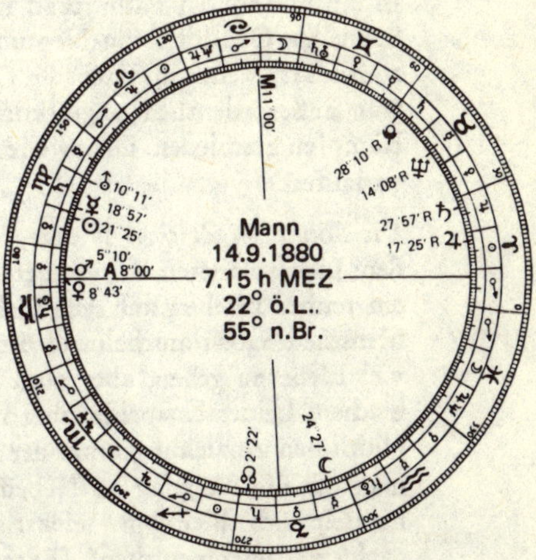

Abb. 17

In Abb. 17 steht die Sonne über dem Ascendenten mit der Tendenz der Unterordnung der Umwelteinflüsse im Trigon zum Mond, wobei anzunehmen ist, daß die Gattin die Führung in der Ehe übernimmt. Saturn Quadrat Mond ist aber als ungünstig zu bezeichnen und führte dazu, daß die erste Ehe geschieden wurde. Die zweite Ehe wurde aber sehr harmonisch. Als typisches Beispiel für die Enttäuschung in der ersten Ehe ist die Konjunktion von Venus und Mars im Zeichen Waage anzusehen, was oft zu übereilten Ehen führt auf Grund einer starken Anziehungskraft und Triebhaftigkeit, wobei aber die Zuneigung erkaltet, wenn der erste „Rausch“ vorbei ist. Die Gefahr einer Trennung ist noch größer, wenn gleichzeitig auch beim Ehepartner Venus und Mars in Konjunktion stehen. Der Native war ursprünglich Staatsbeamter, wurde dann aus innerem Drange Heilpraktiker, wozu die Sonne im Zeichen Jungfrau oft Neigung gibt. Denn Jungfrautypen beschäftigen sich sehr gern mit Gesundheitsfragen. Charakteristisch für den bescheidenen „Jungfraumenschen" ist die Tatsache, daß er für jede Behandlung nur eine Mark als Honorar verlangte, außerdem vielen Menschen umsonst Rat erteilte, obwohl er auf Grund seines Könnens höhere Ansprüche hätte stellen können. Sein Gerechtigkeitsgefühl spiegelt sich darin wieder, daß er die Kinder aus erster und zweiter Ehe völlig gleichmäßig behandelt und keines vorzieht.

In einem anderen Falle stand im Kosmogramm eines Mannes die Sonne im Quadrat zum Neptun, Mond im Skorpion im Quadrat zum Mars, Venus im Krebs im Quadrat zum Uranus. Die erste Ehe war außerordentlich unglücklich und wurde erst nach schweren Kämpfen geschieden. Die zweite Ehe scheint dagegen harmonisch zu verlaufen.

Die Sonne im Zeichen Waage, in dem Tierkreisabschnitt, der von dem Liebesplaneten Venus „beherrscht" wird, weist fast immer auf ein reiches Erleben auf dem Gebiet der Liebe und Ehe hin. Diese Menschen haben anscheinend die Veranlagung mitbekommen, sehr viel Liebe zu geben, aber auch in der Liebe viel Erfahrungen zu machen. Leider entspricht aber nicht immer die Stärke der augenblicklichen Anziehungskraft der Stärke ihrer Beständigkeit, so daß man oft die Neigung zu Nebenverbindungen feststellen kann. Es handelt sich hier um „elektrisch und magnetisch" polarisierte „gelöste Außenmenschen" (Extravertierte), die rasch mit anderen Menschen in Kontakt kommen, Naturliebe, Kunst- und Schönheitssinn zeigen, geweckt, aufgeschlossen, begeistert sind, sich im Umgang freundlich, entgegenkommend, natürlich, offenherzig, unterhaltsam, elastisch, selbstgefällig, bildsam, anpassend, mitteilsam, zuversichtlich zeigen, aber auch leichtfertig, selbstgerecht, lässig, eitel, eingebildet, bequem, naschhaft sein können. Gerade Waagemenschen sind selten etwas durch sich selbst, sondern können sich erst durch den rechten Partner die richtige Geltung im Leben verschaffen. Die Hausfrauen möchten gern ihr Heim schön ausgestalten, geben ihrer Umwelt oft eine künstlerische Note, übersehen aber sehr leicht die Schmutzeckchen und geben zuweilen für Schönheitsartikel mehr aus als für den Haushalt. Die Männer unter den Waagetypen müssen besonders zu Beständigkeit und Treue angehalten werden, vorwiegend dann, wenn der Mann beruflich gezwungen ist, viel unterwegs zu sein. In einem Falle waren beide Ehepartner Waagetypen. Der Mann war sehr viel auf Reisen und hatte dadurch Gelegenheit viele Verbindungen anzuknüpfen, die Frau nutzte dagegen die Abwesenheit des Mannes aus, um mit einem Hausfreund zu musizieren, wobei es nicht ausblieb, daß neben der Hausmusik auch eine stärkere Sympathie erwachte. Waagetypen müssen daher im Ehepartner immer einen festen Halt

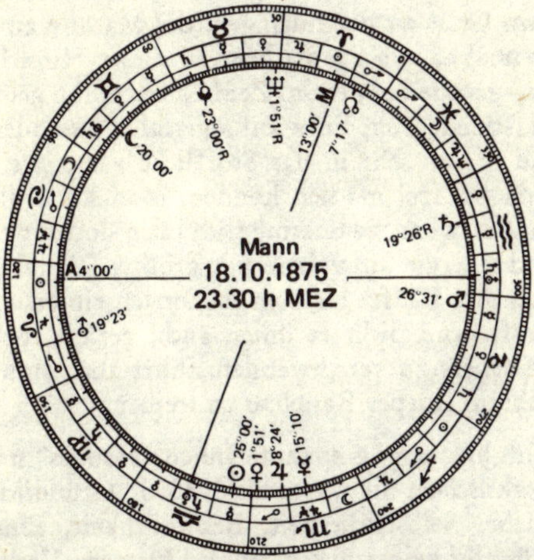

Abb. 18

finden können, um zu vermeiden, daß dritte Personen Disharmonie ins Haus bringen. Um sich wohl zu fühlen, brauchen diese Menschen einen aufmerksamen Ehepartner, der auch mancherlei Annehmlichkeiten bieten kann. Ist es möglich, das Leben etwas bequem und luxuriös zu gestalten, so wird das besonders begrüßt. Kleinlichkeit wird man bei diesen Naturen selten finden, obwohl es gerade hier viel Augenblicke gibt, wo Pedanterie besser angebracht wäre als Großzügigkeit.

Abb. 18 zeigt das Kosmogramm eines Mannes, der bis ins Alter mit seiner Frau sehr glücklich gelebt hat, der mit 50 Jahren noch genau so in seine Frau verliebt war wie ein anderer in den Flitterwochen. Steht doch hier die Venus genau in der Mitte zwischen Sonne und Jupiter, worüber die KdG[7]) sagt: „Gesundes Liebesleben, harmonisches Triebleben, der glücklich liebende Mann".

So lieb die beiden Menschen aber auch zueinander sind, so tragen sie doch schwer daran, daß sie keine Kinder haben, was daraus hervorgeht, daß der Neptun in Opposition zur Venus im Skorpion steht, also Enttäuschung (Neptun) in der geschlechtlichen (Skorpion) Liebe (Venus) bedeutet. Günstig ist dagegen das Trigon des Mondes zu Saturn und Sonne. Dabei ist es wichtig, daß der Saturn rückläufig ist und in seinem progressiven Lauf erst dann die Halbsumme Sonne/Mond erreichen dürfte, wenn der Tod die Ehe trennt.

Die Sonne im Zeichen Skorpion gibt dem Menschen das Ziel, den Stoff mit dem Geist zu durchdringen, die Materie zu überwinden, sich von ihr unabhängig zu machen. In dieser Hinsicht ist es verständlich, daß gerade bei den im Zeichen Skorpion geborenen Menschen, die verschiedensten Entwicklungsstufen besonders erkennbar sind. Sie sind oft zu sehr in das Stoffliche verstrickt, daß sie sich nur schwer davon frei machen können. Man kann diese Naturen auch nicht tadeln, wenn sie unermüdlich tätig sind, eine unbegrenzte Ausdauer und Energie aufweisen, mit größter Zähigkeit ihre Ziele verfolgen und ihre Kräfte bis zum Äußersten einsetzen. Der Überschuß an Kraft ermöglicht es ihnen auch, gerade die kostbarsten Kräfte des Körpers zu verschwenden, führt aber auch in die Versuchung, an ihrem Körper Raubbau zu treiben.

Es handelt sich hier um „gespannte Innenmenschen“ mit physischer Aktivität, praktischem Sinn, Geschicklichkeit, Gründlichkeit, Unabhängigkeitsliebe, Selbstsicherheit, Besinnlichkeit, Eindrucksfähigkeit, Unergründlichkeit, starker Sinnlichkeit, im Verkehr mit den Mitmenschen oft mit beißender Schärfe und starker Haßfähigkeit. Diese Naturen zeigen sich selbständig, fleißig, tiefgründig, charaktervoll, aufopferungsfähig, aber auch eigensinnig, trotzig, selbstüberschätzend, verschlossen, rücksichtslos, zornig, nachtragend, launenhaft, unvornehm, verführbar, übelnehmend und sehr eifersüchtig.

Männer wie Frauen müssen ihrer Leidenschaft Zügel anlegen, damit nicht Sinnenlust über wahre Liebe triumphiert.

Diese Menschen sind aber fast immer verläßlich und verfolgen ihre Ziele mit größtem Eifer. Dabei verlangen sie vom Ehepartner unbedingte Gefolgschaft und können sehr leicht aufbrausen, wenn nicht alles nach ihrem eigenen Kopf geschieht. Das schließt nicht aus, daß sie im nächsten Augenblick wieder besonders herzlich sein können. Die Skorpionmenschen müssen immer versuchen, sich selbst ganz in der Gewalt zu haben, ihr Gefühls- und Triebleben völlig zu beherrschen und die triebhafte in schöpferische Energie umzuwandeln.

Die richtige Ergänzung zu finden, ist bei diesen Menschen besonders schwer, weil der Ehegefährte einmal ein „dickes Fell“ haben muß, um die „Skorpionstiche“ geduldig auszuhalten, andererseits aber auch ausgleichend wirken muß, und auch einen sittlichen und moralischen Halt geben muß. Andererseits liegt die Gefahr vor, untreu zu werden, sittlich zu entgleisen oder aber sich innerlich zu verkrampfen.

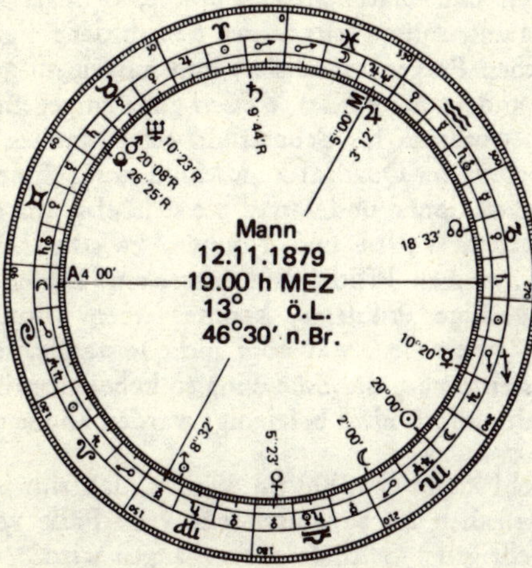

Abb. 18

Bei diesen Naturen ist eine frühe Heirat zu empfehlen, um im Lebenspartner den rechten Ausgleich zu finden.

Abb. 18 zeigt das Kosmogramm eines Mannes, der seine mit vier Kindern gesegnete Ehe als sehr glücklich bezeichnet. Mond im Trigon zum Jupiter ist kennzeichnend für glückliche Beziehungen (Jupiter) zur Gattin (Mond). Der Jupiter am MC bezeichnet dabei auch einen Menschen, der im Berufsleben Erfolg hat und somit seiner Familie auch etwas „bieten“ kann. Sonne Opposition Mars und Venus Opposition Saturn haben wohl in dieser Ehe auch Krisen mit sich gebracht, die aber durch die passende Lebensgefährtin und die eigene charakterfeste Haltung überwunden wurden. Das ist ein Beispiel dafür, daß man keineswegs der im Kosmogramm verankerten Veranlagung nachzugeben braucht, sondern sein Schicksal bis zu einem gewissen Grade selbst gestalten und verbessern kann. Kinderreiche Ehen findet man bei Menschen mit der Sonne im Skorpion sehr selten, weil bei manchen Naturen die Befriedigung der Leidenschaft höher steht als der Wunsch nach Nachkommenschaft. In manchen Fällen spricht aber auch das Streben mit, erst die Existenz zu sichern, bevor an die Gründung eine Familie gedacht wird.

Zuweilen findet man unter den Skorpionmenschen eine ganz gegensätzliche Haltung. Auf der einen Seite verlangen sie Befriedigung ihrer sinnlichen und materiellen Wünsche, oftmals mit größter Rücksichtslosigkeit, andererseits zeigen sie sich tief religiös, an allen weltanschaulichen Fragen interessiert und mit einem geistigen Niveau, das der andern Seite ihres Wesens ganz entgegengerichtet ist. Das kam zum Ausdruck im Geburtsbild eines Mannes, in dem die Sonne im Skorpion im Quadrat zum Mond stand. Eine ungünstige Stellung zwischen Sonne und Mond weist häufig auf einen Zwiespalt hin zwischen Wollen und Können, zwischen Wunsch und Wirklichkeit, zwischen Pflicht und Interessen. Dieser Mann vertiefte sich in geistige Probleme, konnte seinen Mitmenschen die besten Ratschläge erteilen, war aber nicht imstande, seine Ehe zu erhalten und stellte nach der Scheidung so hohe Ansprüche, daß sie in heutiger Zeit einfach nicht befriedigt werden können.

Es braucht wohl kaum erwähnt zu werden, daß sich in einer Statistik über Menschen im Skorpion sehr viele Fälle vorfinden, in denen dem niedrigsten Geschäft nachgegangen wird.

Die Sonne im Zeichen Schütze kennzeichnet den „elektrisch und positiv" veranlagten „gespannten Außenmenschen" mit Intuition, Gestaltungskraft, Zielbewußtsein, Weitblick, Kraftfülle, Wagemut, Geistesgegenwart, Beobachtungsgabe, Organisationstalent, Unabhängigkeitsdrang, aber auch Unbesonnenheit, Flatterhaftigkeit und Oberflächlichkeit. Im Verkehr mit anderen Personen zeigen sich diese Menschen schwärmerisch, selbstgefällig, strebsam, eifrig, begeistert, selbständig, unternehmend, umsichtig, stolz, würdevoll, standesbewußt, manchmal aber auch eingebildet, aufdringlich, prahlerisch, überheblich, anspruchsvoll, leichtsinnig und behaglichkeitsliebend. Männer wie Frauen können sehr lebhaft, ausgelassen und fröhlich sein. Schützemenschen verfolgen gern hohe Ideale, erleben aber auch schwere Enttäuschungen, wenn sie der Entwicklung ihrer ideellen Ziele nicht genügend Zeit lassen oder vorzeitig die Geduld verlieren.

Die geistige Lebhaftigkeit dieser Menschen verlangt nach Gedankenaustausch und Befriedigung des Wissensdurstes, die körperliche Behendigkeit sucht ständig nach Betätigung, sei es im Beruf oder auch beim Sport. Im geselligen Kreise wird gern die Führung der Unterhaltung übernommen. Frohsinn artet leicht in Übermut aus, Offenheit kennt zuweilen keine Grenzen, Voreiligkeit führt zu Fehlschlägen. In diesen Eigenschaften liegen oft die Grundlagen zu Differenzen im Zusammenleben. Leider werden häufig fremde Personen ins Vertrauen gezogen, anstatt alle Angelegenheiten nur innerhalb der Familie zu besprechen.

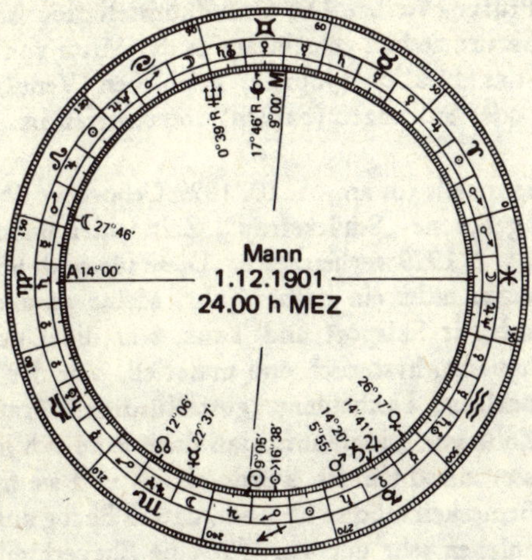

Abb. 19

Den traditionellen Regeln entsprechend sollen Schützegeborene im allgemeinen zweimal heiraten. Der Grund hierzu kann darin liegen, daß eine Verbindung voreilig und unüberlegt geschlossen wird, worauf dann die Enttäuschung folgt. Diese Menschen brauchen einen Ehegefährten, der ihnen einen festen Halt bietet, aber auch gleiche Interessen hat, um die Freizeit gemeinsam zu gestalten. Andernfalls liegt die Gefahr vor, daß der „Schütze" — ebenso wie der „Zwilling" — eigene Wege geht, sich einen andern Sportkameraden, Tanzpartner oder Kunstfreund sucht.

Die Schützenaturen lieben Harmonie, ein gemütliches Heim und eine etwas großzügige Lebensweise, sie machen gern Pläne, schwärmen von ihrem geliebten Menschen und von ihrem Glück.

Ein im Dezember 1901 Geborener (Abb. 19) berichtete über seine am 25. 4. 1931 geschlossene Ehe: „Seit dem Tage unserer Hochzeit sind wir ein Herz und eine Seele. Wir konnten uns bisher nicht mehr als 24 Stunden trennen. Unsere Liebe wird immer tiefer und unser Seelenbund immer fester und glücklicher." So kann nur ein „Schützemann" schreiben. Zu seiner am 25. 4. 1914 geborenen Frau ergeben sich aber auch sehr gute Beziehungen wie Sonne Trigon Mars, Mond Trigon Mars, Venus Trigon Venus usw., wenn auch auf der anderen Seite Neptun und Mars Opposition Venus vor manche Prüfung stellen. Die Grundkonstellation ist eigenartig. Jupiter und Saturn stehen gemeinsam in der Mitte von Venus und Mars, so daß das glückliche (Jupiter) Triebleben (Venus/Mars) auch Hemmungen oder Störungen (Saturn) unterworfen ist.

Sehr ungünstig urteilt ein am 21. 10. 1899 Geborener über seine am 28. 11. 1901 geborene „Schützefrau", Zeit leider unbekannt, mit der er sich am 1. 2. 1929 verheiratete. „Diese für mich lebensgefährliche Ehe dauerte nicht ein halbes Jahr. Meine geschiedene Frau interessierte sich für Skisport und Tanz, war die Untreue selbst, eine große Lügnerin, hysterisch und materiell. Vor der Ehe spielte sie die unglückliche, bescheidene, gottesfürchtige Frau. Und sie spielte diese Rolle gut. Ich glaubte, daß diese Frau sich im materiellen Leben besser zurechtfinden würde als ich und sie mich aufheitern könnte. Bemerken möchte ich noch, daß in Bezug auf die Erotik das Zusammenleben sehr gut war, für eine Eheverbindung reichte das aber allein nicht. (Abb. 20). Diese Frau ist nur wenige Tage vor dem vorigen Beispiel geboren. Hier finden wir die gleiche Konstellation Jupiter und Saturn in der Halbsumme Venus/Mars, wozu aber noch die Opposition vom Mond hinzukommt. Der Mond steht dabei in seinem „eigenen Zeichen" Krebs, der Saturn im „eigenen Zeichen" Steinbock. (Als „eigenes Zeichen" wird das betrachtet, in dem das betreffende Gestirn „Herrscher" ist, d. h. eine gewisse Verwandtschaft aufweist, was zwischen Mond und Krebs, wie zwischen Saturn und Steinbock der Fall ist.) Im vorigen Beispiel war diese Mondopposition nicht vorhanden, sondern der Mond stand hier nur im Quadrat zum Merkur, was für das Zusammenleben nicht so bedeutsam ist. Außerdem stand im ersten Beispiel der Ascendent im harmonischen Trigon zu Jupiter und Saturn. Im zweiten Beispiel ist die Geburtsstunde leider nicht bekannt.

Über eine am 3. 12. 1893 geborene Unverheiratete wird berichtet: „Bis zum 33. Lebensjahre war die Native ziemlich vom Glück begünstigt, insbesondere vom 20. bis 33. Lebensjahre. Sie hatte einen großen Bekannten- und Freundeskreis, wohin sie kommt, obwohl

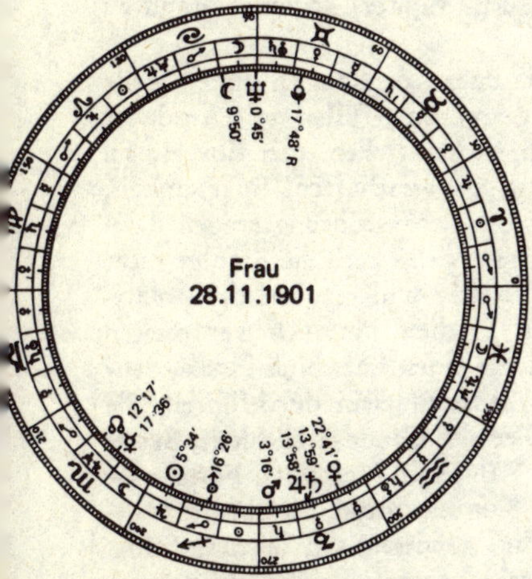

Abb. 20

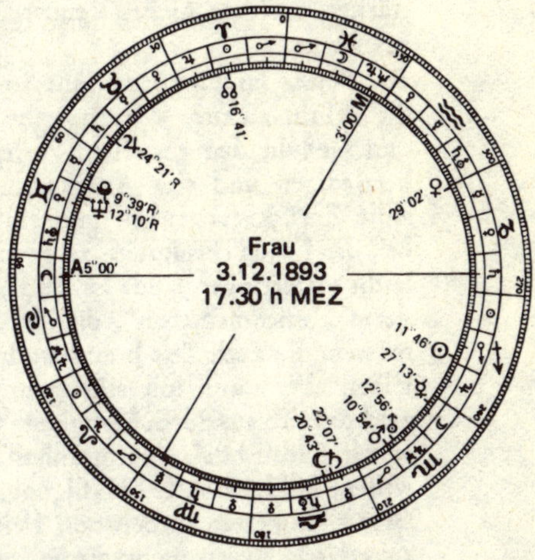

Abb. 21

sie ein ziemlich ruhiges Wesen hat. Sie hat sich immer gern verheiraten wollen, dazu auch häufig Gelegenheit gehabt, doch ist es nicht dazu gekommen. Entweder hob die Betreffende selbst kurzerhand die Verbindung auf, weil sie den Mann nicht heiraten konnte, ohne einen besonderen Grund dafür zu haben, oder die infrage kommenden Herren waren bereits gebunden. Mit dem 33. Lebensjahre begann für die Native eine schlechte Zeit in jeder Beziehung . . . (Abb. 21).

Die Sonne steht im Zeichen Schütze, was einmal darauf hinweist, daß sehr leicht mit anderen Personen der Kontakt aufgenommen wird, andererseits ist dadurch ein zwiespältiges Wesen gekennzeichnet mit Mangel an Entschlußkraft, zumal der Neptun in Opposition zur Sonne steht, was schon an sich auf Enttäuschungen (Neptun) mit männlichen Personen hinweist. Mond Konjunktion Saturn im Zeichen Waage noch dazu in Opposition zum Mondknoten trägt dazu bei, daß die Verbindungen (Mondknoten) immer wieder getrennt (Saturn) werden und dadurch die Frau (Mond) alleinstehend (Saturn) bleibt. Mars Konjunktion Uranus im Skorpion läßt dabei gesundheitliche Störungen in bestimmten Organen vermuten. Daß sich trotzdem ein großer Freundeskreis ergab, ist auf Venus Trigon Jupiter zurückzuführen. Die kritischen Konstellationen waren aber stärker, um dem Liebes(Venus)-Glück (Jupiter) keinen Bestand zu gewähren.

Die Sonne im Steinbock läßt stets daran denken, an erster Stelle die Pflicht zu tun, jede Aufgabe getreu zu erfüllen, mit Ausdauer und Geduld den gestellten Zielen nachzustreben, den Ehrgeiz zu befriedigen und sich Anerkennung zu verschaffen. Sparsamkeit, stille Zurückgezogenheit und einfache Lebensführung tragen dazu bei, das Leben erfolgreich zu gestalten, wenn auch die Erfolge nicht leicht zu erringen sind. Es sind „negativ und magnetisch" polarisierte „Innenmenschen", die jedes Erleben innerlich verarbeiten müssen, die auch Zeit brauchen, bis sie einen Entschluß fassen, denselben aber dann mit stärkstem Zielbewußtsein durchführen. Sie zeichnen sich aus durch Festigkeit, Geduld, Grundsätzlichkeit, Systematik, Sachlichkeit, Nüchternheit, Zähigkeit, Vernunft, Formungswillen, kühle Schärfe, Mäßigung, Konzentration. Sie sind charakterfest, bemessen, arbeitsam, fleißig, gewissenhaft, leistungsfähig, zuverlässig, vertrauenswürdig, gesinnungstreu, selbständig, verschwiegen, zuweilen etwas verkrampft und ungesellig. Es fällt ihnen nicht leicht, Kontakt mit anderen Menschen aufzunehmen. Keineswegs sind die „Steinbockmenschen" immer tiefsinnige Melancholiker, sie können auch lustig und fröhlich sein, haben Witz und Humor und „treffen den Nagel auf den Kopf". Sie müssen aber erst zu ihrer Umgebung Vertrauen gewinnen, bevor sie sich etwas aufgeschlossen zeigen. Sie sind nicht leicht zu durchschauen, halten mit ihrer Meinung zunächst zurück, erscheinen oft etwas kühl, können aber in ihrem Innern ein tiefes Gemüt besitzen, können auch leidenschaftlich sein, werden aber selten zeigen, wie stark in ihrem Herzen „das Feuer brennt". Sie fassen das Leben ernst auf, beschäftigen sich gern mit schweren Problemen, schauen mitunter schwärzer in die Zukunft als notwendig. Sie sind pflichtbewußt und treu, sie werden sich immer Mühe geben, die Ehe unbedingt aufrechtzuerhalten. Diese Grundzüge werden selbstverständlich durch die anderen Konstellationen des Geburtsbildes verstärkt oder auch abgewandelt werden können.

Eine am 18. 1. 1884 geborene Frau mußte sich von ihrem Manne trennen, hielt aber trotzdem zu ihm und hilft ihm, obwohl er ihr sehr viel Leid angetan hat. In einem Briefe schreibt sie: „Er bewegt sich seit Monaten in ganz minderwertigen Kreisen und hat Elemente um sich, vor denen er sich früher ekelte. Auch fängt er an zu trinken. Das einzige, was ich ihm tun konnte, war, daß ich die Scheidung am Verkündungstage zurücknahm, und zwar getrie-

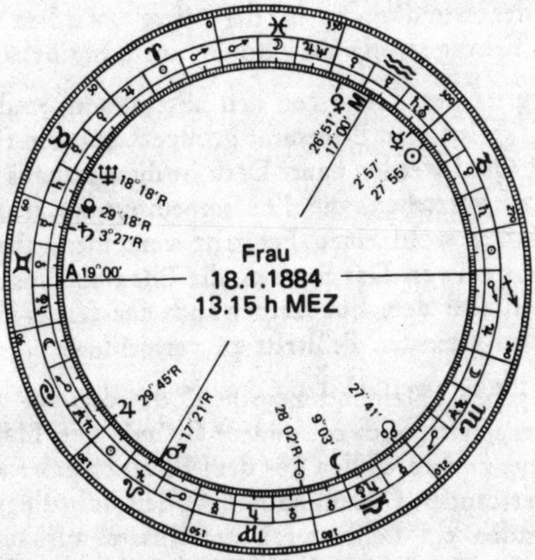

Abb. 22

ben aus dem inneren Gefühl heraus, ich möchte mich des letzten Rechtes berauben, ihm, wenn es mal ganz schlimm um ihn steht, beistehen zu können, denn all diese Freunde und die perverse Freundin nutzen ihn doch nur aus. Lange war ich verbittert, denn ich habe meinen Mann geliebt und habe unendlich um ihn gelitten. Sind wir doch 19 Jahre verheiratet, mein Mann war wohl nörglerisch und kleinlich, wie eben Jungfraugeborene (2. 9. 1891, nachts 3 Uhr) sind. In sittlicher Beziehung war er aber einwandfrei und jetzt ist er das Gegenteil. Meine Angehörigen haben zwar über meine Tat den Kopf geschüttelt, sie halten mich für charakterlos, aber ich glaube doch recht gehandelt zu haben. Ich halte es für meine Pflicht, ihm beizustehen, wenn der Fall einträte, daß er jemand braucht . . ." (Abb. 22).

Diese Treue, Pflichterfüllung und Selbstüberwindung ist charakteristisch für die Sonne im Steinbock. Diese Eigenschaften werden noch verstärkt durch Saturn Trigon Merkur (und Sonne) wie auch Mond Trigon Saturn. Der Saturn steht aber andererseits auch fast in der Mitte zwischen Sonne und Mond, wodurch die Schwierigkeiten (Saturn) in der Ehe (Sonne/Mond) gekennzeichnet sind. Saturn/Neptun Quadrat Venus ist bezeichnend für die Abkühlung, Ernüchterung und Enttäuschung, während Venus Trigon Mondknoten und der Mondknoten in der Mitte zwischen Sonne und Jupiter dazu beitragen, die Verbindung aufrechtzuerhalten.

Wird der Begriff der Treue von den „Steinbockmenschen" gar zu eng aufgefaßt, wird eine Eifersucht großgezogen, die für den Ehegefährten zur Qual werden kann. Doch ist diese nur aus dem Grundsatz heraus zu verstehen, die Ehe unbedingt zu erhalten. Diese Menschen können wohl einen Fehltritt verzeihen, aber vergessen können sie sehr schwer. Das Streben, die Ehe unbedingt korrekt zu gestalten, kann aber dem Ehepartner auch den festen inneren Halt geben, auch den kleinsten Fehltritt zu vermeiden.

Nicht immer gehen „Steinbockmenschen" die Ehe aus reiner Liebe ein, sondern es spielen auch oft andere Gründe mit. Manche fühlen sich vereinsamt, andere wollen aus dem Elternhaus heraus, weil sie sich dort unverstanden fühlen, andere wollen unbedingt mit einem Arbeitskameraden ein Lebenswerk gemeinsam aufbauen, manche sehen auch in der Ehe die Möglichkeit, durch Gatten oder Gattin in eine höhere Gesellschaftsschicht zu kommen und dadurch ihrem Geltungsdrang Genugtuung zu verschaffen. Eltern und Verwandte sind oftmals mit dem Eheschluß nicht einverstanden oder es ergeben sich später durch diese irgendwelche Schwierigkeiten. Oftmals heiraten Menschen mit Sonne im Steinbock einen bedeutend älteren Ehepartner. Ein am 6. 2. 1884 Geborener heiratete eine am 18. 1. 1899 geborene Frau. Trotz des Altersunterschiedes von 15 Jahren wurde die Ehe nach zehnjährigem Bestand als sehr harmonisch bezeichnet.

In einem anderen Fall war eine Ehe mit großem Altersunterschied nicht günstig. Eine am 15. 1. 1876 geborene Frau heiratete einen am 25. 3. 1861 geborenen Mann. Über diese Ehe wird berichtet: „Die Ehe verlief in den ersten Monaten durchaus harmonisch. Bald kam es zu erheblichen Streitigkeiten, die wohl meistens von der Frau verursacht wurden. Der Mann ist bei den Auseinandersetzungen wesentlich zurückhaltender (Sonne in Fische!). Argwohn und Mißtrauen gegen ihren Mann spricht aus den immer häufiger werdenden Beschuldigungen und gleichbleibenden Vorhaltungen der Frau. In diesen Wortgefechten dominieren ihre gänzlich unbegründeten Befürchtungen bezüglich des Testamentes und der Erbschaft. Eigenartig ist insbesondere die Beobachtung, daß bald nach der Zerstreuung und Beseitigung ihrer letzten Bedenken zum Beispiel durch

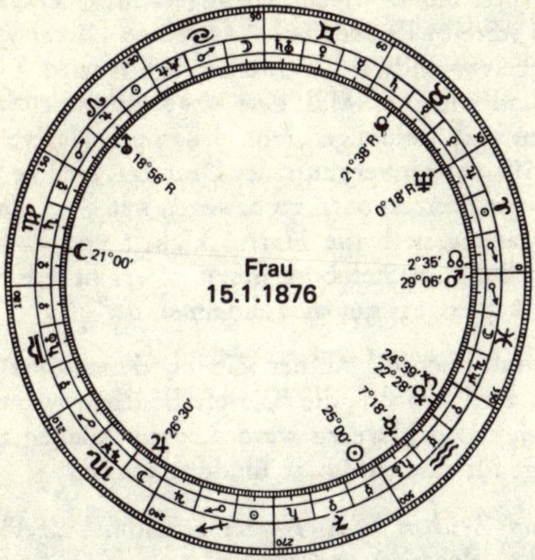

Abb. 23

Niederlegung des Testamentes bei Gericht neue Vorwürfe erhoben werden, aus denen hervorgeht, daß auch die weitere Erfüllung der Wünsche der Frau die Ehe nicht harmonisch gestalten wird. Die Frau zeigte bei ihren Auseinandersetzungen wenig Wahrheitsliebe und wenig Logik, dafür aber umso größeres Geltungsbedürfnis. Zwar ist die Ehe nicht getrennt worden . ." (Abb. 23).

Für das Verhalten der Frau ist nicht allein die Stellung der Sonne im Steinbock verantwortlich zu machen, sondern durch Neptun im Quadrat zur Sonne und Merkur, wodurch die Frau ihren Mann (Sonne) in einem falschen Lichte (Neptun) sieht. Das Quadrat des Neptun fällt dabei in die Halbsumme Sonne/Merkur, worüber in der KdG[7]) die Deutung zu lesen ist: „Sich Vorstellungen machen, sich täuschen". Außerdem steht die Venus in Konjunktion mit Saturn und in Opposition zum Uranus, so daß sich aus einer Ernüchterung (Saturn) in der Liebe (Venus) Spannungen (Uranus) ergeben müssen. Begünstigend wirkt Jupiter Trigon Mars, während

Jupiter Quadrat Saturn, Venus und Uranus die Schwierigkeiten kennzeichnet. Es muß auch angenommen werden, daß das höhere Alter des Mannes der Frau manches Opfer auferlegte und auch darin ein Grund zu Unbefriedigtsein, Verstimmung und Gereiztheit zu suchen ist. Denn während Saturn Konjunktion Venus die Leidenschaftlichkeit unterdrücken läßt, wird durch Uranus Opposition Venus diese immer wieder neu angefacht. Über Uranus Opposition Venus schreibt der englische Astrologe Carter[9]) u. a.: „daß Zusammenarbeit irgendwelcher Art unmöglich wird. Eigenwille ist vorhanden und manches Mal eine ungewöhnliche Starrheit der Anschauungen und Meinungen, von denen der Native nicht abzubringen ist. Mit der Unvernunft des Uraniers wird er zu keinerlei Nachgeben oder Konzessionen zu bewegen sein . . ." Zählt man zu dieser Veranlagung noch die Hartnäckigkeit und Unbeugsamkeit der Sonnenstellung im Steinbock hinzu, so ergibt sich ein Charakter, mit dem keineswegs gut auszukommen ist.

Lebensweg und Eheschicksal der „Steinbockmenschen" sind nicht immer leicht, aber wenn sie die Kämpfe bestehen, wenn es gelingt, aller Schwierigkeiten Herr zu werden, dann können gerade diese zur Grundlage für eine unlösbare Bindung werden.

Die Sonne im Zeichen Wassermann bezeichnet „gelöste Außenmenschen", die „elektrisch und positiv" polarisiert sind, die immer voller Pläne und Reformideen die Außenwelt umgestalten möchten. Sie zeigen geistige Aktivität, Weitblick, Findigkeit, leichte Auffassung, Intuition, Organisationstalent, Humor, Heiterkeit, Mutterwitz, Schlagfertigkeit, Beredsamkeit, Initiative, Beobachtungsgabe, Menschenkenntnis. Sie sind sympathisch in ihrem Wesen, aber auch revolutionär und wandelbar, reformlustig, schwärmerisch, betriebsam, geschäftig, umsichtig, frisch, eifrig, elastisch, natürlich, zuversichtlich, abwechslungsbedürftig, mitteilsam, freigebig, oft aber auch unberechenbar, leichtfertig, neugierig, oberflächlich, vergeßlich. Diese Menschen sind meist ihrer Zeit etwas voraus und brauchen einen Partner, der für ihre Ideen empfänglich ist, der aber auch vor Übereilung und Unbedachtsamkeit rechtzeitig Halt gebietet. In der Liebe kümmern sich diese Menschen weder um Herkunft noch Vermögen, sondern bringen viel Idealismus, auch wenn keine gesicherten Grundlagen vorhanden sind und keine Pensionsberechtigung in Aussicht steht. Liebe bedeutet für sie Erfassen der Seele, Aufgehen des Ich im Du. Sie bringen aber auch anderen Menschen stets Verstehen und Hilfsbereitschaft entgegen, ohne immer Dank zu ernten. Wenn dieses Entgegenkommen mitunter zu weit geht, ist es daher berechtigt, wenn der Ehegefährte Einhalt gebietet. Die Männer sind oft Idealisten, Schwärmer oder auch Revolutionäre, die sich über konservative Anschauungen und konventionelle Gebräuche gern hinwegsetzen. Die Frauen sind weniger praktische Hausmütter im üblichen Sinne, lieben die Abwechslung, räumen ihr Heim immer wieder um, sind manchmal etwas extravagant und brauchen einen Mann, der sie immer wieder in vernünftige Bahnen zurückführt. Es kommt viel darauf an, auf welcher Entwicklungsstufe die einzelnen Menschen stehen. Der primitive Typ zeigt reges Interesse an allen Neuerungen, Erfindungen, Reformen, außergewöhnlichen Modeerscheinungen, der hochstehende und vergeistigte Mensch dagegen trägt Ideen und Probleme in sich, für welche die Gegenwart oft noch gar nicht reif ist. Dadurch, daß die Wassermannbeeinflußten immer mit einem Fuß in der Zukunft stehen und den anderen bereits aus der Vergangenheit herausziehen wollen, sind sie nicht leicht zu verstehen, sie erregen oft Ärgernis, wenn sie sich über veraltete Formen des Umgangs rasch hinwegsetzen oder rücksichtslos für die nackte Wahrheit eintreten. Ein echter „Wassermann" läßt sich von Idee und Ziel nicht abbringen, gibt seine Bestrebungen nicht auf, aber er sieht ein, daß er nicht immer „mit dem Kopf durch die Wand" kann, daß zuweilen ein Zurückhalten notwendig ist, um der Idee die Reife nicht zu versagen. Die Liebe dieser Menschen wurzelt mehr im Geistigen und Seelischen, weniger im Sinnlichen und Körperlichen, sofern nicht andere Konstellationen dieser Veranlagung entgegenstehen.

Als sehr glücklich wird die Ehe eines Mannes geschildert, der am 11. 2. 1874 geboren wurde und eine am 19. 8. 1875 Geborene heiratete. Eigenartig ist dabei die Tatsache, daß bei dem Mann vier Gestirne — Saturn, Venus, Sonne, Merkur — im Wassermann und bei der Frau ebenfalls vier Gestirne — Uranus, Venus, Merkur, Sonne — im Löwen stehen. Das beweist wieder, daß Oppositionen in der Gegenüberstellung keineswegs ungünstig für den Verlauf der Ehe sein müssen, sondern gerade die Ergänzung darstellen. Es ist aber dabei auch zu berücksichtigen, daß sowohl in den einzelnen Geburtsbildern wie auch in der Gegenüberstellung sehr viel harmonische Aspekte vorhanden sind. Bemerkenswert ist, daß im Geburtsbild des Mannes Sonne und Venus in Konjunktion stehen und sich die gleiche Konstellation auch am Hochzeitstage bildete. Ein Blick in die Statistik über die Ehen von Wassermann-Geborenen zeigt, daß viele Verbindungen an Unverstandensein scheiterten, wobei selbstverständlich auch die anderen Konstellationen viel mitsprachen, daß z. B. Saturn einen ungünstigen Aspekt zur Sonne bildete. Eine verheiratete Künstlerin litt stark unter den wirtschaftlichen Einschränkungen, die ihr durch die Ehe auferlegt wurden, ohne wahrscheinlich zu begreifen, daß gerade Wassermann-Beeinflußte erst durch den Kampf reif werden, um ihre Ideen verwirklichen zu können. Bei ihr standen Sonne und Mond im Quadrat, so daß sie nicht nur mit sich selbst in Konflikt lebte, sondern auch mit Eltern und Ehegatten viele Meinungsverschiedenheiten auszutragen hatte.

Viele „Wassermannmenschen" gehen oft mehrere Verbindungen ein, bevor sie den rechten Lebenskameraden finden. Die standesamtliche Trauung ist für sie meist nur eine Formsache, die dem Partner zuliebe vorgenommen wird, da sie mehrfach die Überzeugung haben, daß unter der äußeren Form die wahre Liebe bricht. Wassermannbeeinflußte Künstler vertreten zuweilen die Auffassung, daß eine freie Verbindung einen höheren moralischen und sittlichen Wert haben kann als eine auf bürgerlichen Formalitäten begründete Liebe. Diese Menschen denken überhaupt viel über das Liebes- und Eheproblem nach und kommen dabei zu Anschauungen, die allgemein nicht gutgeheißen werden können.

Die Sonne im Zeichen Fische entspricht den „magnetisch und negativ" veranlagten „gelösten Innenmenschen", die besinnlich und eindrucksfähig sind, über viel Einbildungskraft und Phantasie verfügen, sich gern Musik und Kunst hingeben, oft etwas willenlos, weich, nachlässig und bequem sind, selten eine Entscheidung aus sich heraus treffen und mehr ein passives Verhalten zeigen. Sie trauen sich selbst nicht viel zu, halten sich zurück, sind empfindlich, gesinnungslos, ängstlich, verführbar, unterschätzen sich selbst. Sie können aber sehr viel Liebe aufbringen, sich sogar für andere Menschen aufopfern und können arbeiten, ohne Anerkennung zu verlangen. Diese Menschen brauchen daher einen aktiven Lebenspartner, der ihnen Halt gibt und sie „mitreißt". Frauen sind oft nachlässig im Haushalt und übersehen in ihrer Bequemlichkeit gern die Schmutzecken in ihrer Wohnung. Die Männer können sich selten richtig zur Geltung bringen, kommen beruflich schwer voran, wenn nicht andere Faktoren im Geburtsbild mitsprechen, die auf Anerkennung und Erfolg hindeuten. Sie können aber für positiv eingestellte Frauen, die lieber selbst „die Hosen anhaben", sehr anpassungsfähige Ehemänner sein.

Trotz eines gewissen Hanges zur Zurückhaltung lieben sie die Geselligkeit, werden dann gern gesprächig und offenherzig, wobei auch der Alkohol oder andere Genußmittel viel dazu beitragen können, um „die Zunge zu lösen“.

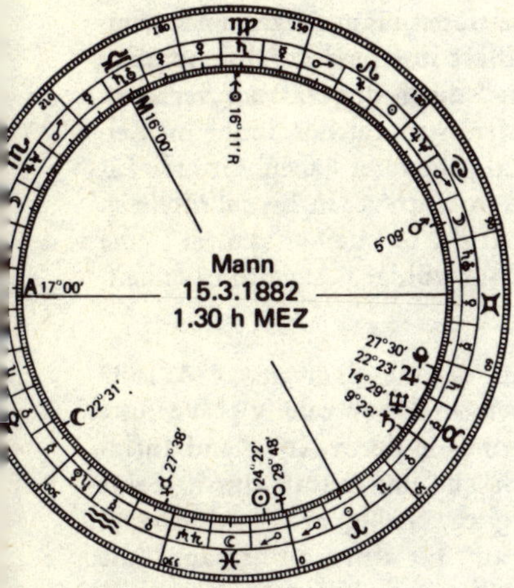

Abb. 24

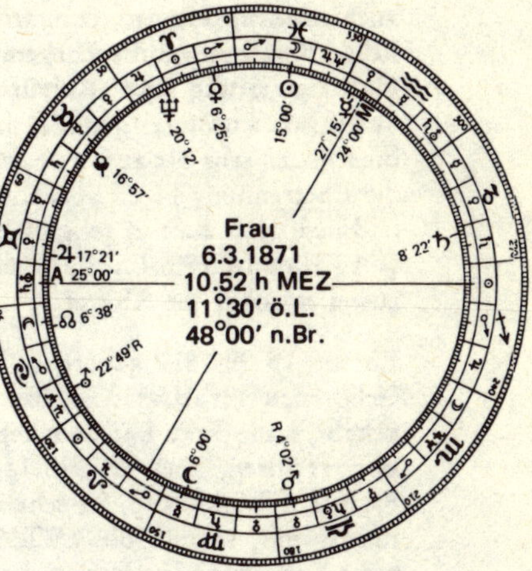

Abb. 25

Es ist nicht immer leicht, den wahren Charakter dieser Menschen zu erkennen, da sie dazu neigen, etwas anderes vorzustellen, als sie wirklich sind. Sie haben auch gern ihre Heimlichkeiten, ohne daß diesen immer eine unlautere Absicht zugrundeliegen muß.

In Bezug auf die Leidenschaftlichkeit ist die Redensart vom „kalten Fisch“ nicht unberechtigt. Jedenfalls haben sich temperamentvolle Ehegatten von „Fischetypen“ öfters über ihre geringe Leidenschaftlichkeit, die immer erst aufgeweckt werden muß, beschwert. Ruhe und Bequemlichkeit gehen oft über alles. Sie brauchen daher zum Ehegefährten einen „Lebenswecker“, der zu dem negativen Wesen die rechte Ergänzung bildet. Bei der Untersuchung der Kosmogramme von Ehepartnern ist aufgefallen, daß die Ehegatten von Fischemenschen oft die Sonne in „feurigen Zeichen“ (Widder, Löwe, Schütze) haben, so daß also das cholerische Temperament die beste Ergänzung zum phlegmatischen zu bilden scheint.

Ehekonflikte haben oft ihre Ursache darin, daß der „Fische-Mensch" zu wenig an sich und die Seinen denkt, aber gern für die Allgemeinheit zu opfern bereit ist, daß die universelle Liebe oft höher steht als die individuelle, daß bei hochstehenden Menschen durch zunehmende Vergeistigung eine frühzeitige Erkaltung der Leidenschaftlichkeit eintritt, bei primitiven Menschen die Neigung zu Nachlässigkeit, zu verantwortungslosen Handlungen und heimlichen Beziehungen die Ehegemeinschaft stört und daß die negative Haltung ständig eine „Aufrüttelung" durch den Partner verlangt. Statistisch wurde festgestellt, daß Menschen mit der Sonne im Zeichen Fische sehr oft zum zweiten Mal geheiratet haben. Gründe für die Ehetrennung lagen vornehmlich in Untreue, in Eigenbröteleien und mehrfach auch in religiösen Konflikten. In einer ganzen Reihe von Fällen führten Enttäuschungen zur völligen Abgeschlossenheit, zuweilen sogar ins Kloster.

Ein am 15. 3. 1882 geborener Mann, der mit einer am 17. 4. 1887 Geborenen verheiratet ist, hat in seinem Leben sehr viel Verluste gehabt, seine Frau hat auch ihr Vermögen durch Krieg und Inflation verloren, aber er „schlägt sich gut und recht" durch. Seine Frau, ein Widdertyp, ist sehr energisch, fleißig, treu und arbeitet tüchtig mit, so daß die „Widderfrau" für den „Fischemann" die beste Ergänzung ist. In dem Bericht, der nach 26jähriger Ehe gegeben wurde, erwähnt der Mann nur, daß seine Frau etwas mißtrauisch sei in Bezug auf die Liebe (!). Der Mann hängt aber sehr an seiner Frau und möchte seine Ehe noch lange erhalten wissen. In seinem Geburtsbild sind besonders Sonne Konjunktion Venus, und Mond Trigon Jupiter als günstig anzusehen (Abb. 24).

Über eine sehr unglückliche Ehe berichtet eine Frau: „Geboren bin ich am 6. März 1871, vorm. 10.52 Uhr in M., Oberbayern. Mein Mann ist geboren am 27. 3. 1870. Kennengelernt haben wir uns Ende Oktober 1890 auf einer Kirchweih. Geheiratet haben wir am 16. 10. 1897. Die Ehe war unglücklich, zwei Kinder, der Sohn geboren am 24. 11. 1898, morgens 5 Uhr, die Tochter am 21. 4. 1903, morgens 0.30 Uhr. An den Kindern hing ich sehr, sie haben sich aber von mir getrennt, die Tochter vollständig, der Sohn war gräßlich grob und brutal zu mir. Er kommt hie und da, habe aber von keinem Kinde etwas zu erwarten trotz der Not. Unsere Scheidung, bei der ich die Kinder mitnahm, eben weil ich so an ihnen hing, wurde am 10. 1. 1910 ausgesprochen. Seitdem lebe ich einsam, habe absolut keinen Anschluß, auch keinen gefunden. Ich interessiere mich für geistiges Streben, weil man doch einen Lebensinhalt haben muß . . ." (Abb. 25).

Sonne und Mond stehen in Oppositionszeichen, was allgemein als ungünstig angesehen werden muß. Venus Quadrat Saturn deutet auf Erkalten der Liebe und Saturn Opposition Mondknoten auf Trennung. Saturn im Quadrat zum Mars wird etwas gemildert durch Saturn Trigon Mond. Als charakteristisch ist folgendes Planetenbild anzusehen: Saturn und Mondknoten stehen in der Achse von Venus und Mars, nach der KdG[7]) gedeutet: „Geschlechtsverbindung. — Hemmungen im Liebesleben, Liebestrennung." Venus und Mars stehen in der Halbsumme von Sonne/Neptun: „Geschwächtes oder gestörtes Triebleben, Enttäuschungen, Irrwege der Liebe." Das Quadrat von Sonne zu Jupiter kann nicht als so kritisch angesehen werden, sondern ausschlaggebend für die unglückliche Ehe sind die anderen Konstellationen. Man darf sich also nicht allein auf den Sonnenstand verlassen, sondern muß immer wieder das vollständige Kosmogramm untersuchen.

Der Mond

bezeichnet — in Stichworten ausgedrückt — das Negative, Weibliche, Unvollkommene, Vergängliche, Persönliche, Unbeständige, Seelische. Im weiblichen Geburtsbild stellt der Mond das Ich, im männlichen das Du vor; bei der Frau hat der Mond Beziehungen zu den Zeugungsorganen. In jedem Falle gibt aber der Mond Aufschluß über die gefühlsmäßige Veranlagung und die seelische Kontaktfähigkeit. (Ausführliche Abhandlungen über den Mond im Geburtsbild sind aus den Deutungsbüchern zu entnehmen.)

Der Mond im Zeichen Widder deutet darauf hin, daß das Gefühl für Handlungen und Entscheidungen sehr stark bestimmend ist. Der Mensch handelt impulsiv, voreilig, ist im Eifer weder zurückzuhalten noch zu überzeugen, läßt sich von seinen Zielen schwer abbringen, ist sich seiner Fähigkeiten und seines Erfolges sicher, leidet oft an Selbstüberschätzung. In der Liebe sind die Menschen mit Mond im Widder rasch entflammt und begeistert, sind zu jedem Kampf entschlossen, um sich das Herz des geliebten Menschen zu erobern und bezwingen durch die Tiefe des Gefühls und der Leidenschaft. Sachliche Erwägungen werden leicht übersehen, wenn es gilt, „eine Eroberung zu machen". Eine Ehe wird leicht übereilt eingegangen; ist das Ziel erreicht, tritt leicht eine Ernüchterung ein. Wer von den Ehepartnern den Mond im Widder hat, wird gern die Führung in der Ehe übernehmen. Im männlichen Geburtsbild weist der Mond im Widder auf eine sehr energische Gattin hin, der sich ein negativ eingestellter Mann gern unterordnet. Eine Frau mit Mond im Widder verlangt nach einem Gatten, der ihr überlegen ist, zu dem sie emporschauen kann, um dessen Zuneigung sie kämpfen will. Wenn sich der Verwirklichung der Ziele Schwierigkeiten entgegenstellen, so wird der Kampf nicht aufgegeben, selbst wenn er durch eine bereits eingegangene Bindung des Partners aussichtslos erscheint.

Ein am 14. 8. 1889, um 16.30 Uhr, in Köln geborener Mann, in dessen Kosmogramm der Mond nicht nur im Widder, sondern auch im Trigon zum Mars im Löwen steht, hatte ein angeblich harmloses Verhältnis zu einer verheirateten Frau, das drei Jahre ungestört blieb. Trotz späterer gerichtlicher Schwierigkeiten, trotz verschiedener Abweisungen der Frau, ja sogar trotz nachgewiesener Untreue und Geburt eines unehelichen Kindes, das die Ursache zur Ehescheidung mit dem ersten Gatten gab, verfolgte der Mann jene Frau mit seiner Liebe.

Eine am 15. 6. 1906 geborene Frau, in deren Geburtsbild Mond im Widder im Quadrat zu Uranus und Neptun steht, verheiratete sich mit einem am 12. 8. 1900 geborenen Mann, in dessen Kosmogramm der Mond in den Fischen im Trigon zur Venus, aber im Quadrat zum Uranus steht. Die Frau schreibt über ihre Ehe: „Wir haben beide zum Teil den gleichen Gedankengang, aber mein Mann ist außerdem sehr verschlossen (Fische), so daß unsere Ehe nicht das ist, was ich mir vorgestellt habe. Ich habe das Gefühl, als ob ich ihm nicht das bin, was ich sein müßte. Trotzdem brauche ich mich nicht zu beklagen, er ist ein solider Mensch." — Hier treten die Gegensätze der Temperamente auf Grund der Mondstellung klar zutage. Das wäre an sich nicht ungünstig. Aber der Saturn im Geburtsbild der Frau im Zeichen Fische steht fast an der gleichen Stelle des männlichen Mondes, während andererseits die Sonne der Frau in 23° Zwillinge in Opposition zum Saturn des Mannes in 28° Schütze steht. Es liegen also gegenseitige Hemmungen vor, die gelöst werden müßten, um ein Verstehen zu ermöglichen. Es ist verständlich, daß die Frau mit Mond im Widder gern die erste Rolle in der Ehe spielen möchte, während der Mann mit der Sonne im Zeichen Löwe keineswegs gewillt ist, sich „das Heft aus der Hand" nehmen zu lassen.

Ein am 6. 2. 1884 geborener Mann bezeichnet seine Ehe mit einer am 18. 1. 1899 geborenen Frau nach 10 Jahren noch als harmonisch. Der weibliche Mond befindet sich im Widder, der männliche in den

Zwillingen. Durch Mond Trigon Sonne im Kosmogramm des Mannes liegt aber eine ausgeglichene und harmonische Veranlagung vor, die sich anzupassen versteht und in kritischen Augenblicken vermittelnd wirkt.

In manchen Fällen sind die auf Grund der Mondstellung im Widder gegebenen kämpferischen Eigenschaften geradezu notwendig, um nicht nur den Bestand der Ehe, sondern auch die Existenz zu gewährleisten. So heiratete eine Frau, deren Mond im Widder steht, einen Mann, der gesundheitlich nicht ganz fest war und wenige Jahre nach der Heirat an Lungenentzündung starb. Die Frau war gezwungen, nicht nur die Führung des Haushaltes zu übernehmen, sondern auch im Geschäft den Mann zu ersetzen und überall die Anweisungen des Gatten durchzuführen. Trotz der Krankheit des Mannes war die Ehe vollkommen glücklich, weil die Frau ihre „Widderenergie" restlos einsetzen konnte.

Der Mond im Zeichen Stier gibt tiefe und anhaltende Gefühle, verbunden mit einer starken, aber beherrschten Leidenschaft. Etwas konservativ in Anschauungen und Lebensführung verlangen diese Menschen ein möglichst ruhiges und gleichmäßiges Dasein mit konsequenter Verfolgung ihrer Grundsätze und Ziele. Das Praktische und Zweckmäßige tritt trotz der gefühlsbetonten Einstellung stark hervor. Auch der Ehrgeiz will befriedigt sein. Durch Gutmütigkeit werden viele Freunde erworben, die aber das entgegengebrachte Wohlwollen gern ausnützen. Auch durch ihre Anhänglichkeit und Treue müssen die Menschen mit Mond im Stier mehrfach unangenehme Erfahrungen machen, weil sie das Leben ernster auffassen und andere ihre Versprechungen zu leicht nehmen. Eine gesunde Sinnlichkeit (Opposition Skorpion!) verlangt nach Befriedigung, wird sie nicht gewährt, sind leicht Irrwege in Liebe und Ehe möglich. In manchen Fällen tritt der Drang nach Sicherung der Existenz und Gewinn zu stark hervor.

Über einen am 13. 2. 1883 geborenen Mann wird geschrieben: „Körperlich ist er etwas klein, jedoch von außerordentlich zäher Natur und einem ebenso zähen Willen. Man kann bei ihm schon von Arbeitswut sprechen, die kein Gefühl aufkommen läßt. Nach außen hin ist er entgegenkommend, auch fromm, aber die materiellen Gedanken übertönen immer wieder alles andere." Für die Frau war die Ehe mit diesem Mann „eine Marter". Aus allen Briefen des Mannes „spricht nur das Geld". Die materielle Gesinnung trat dadurch besonders hervor, daß auch Saturn im Stier steht, ferner sich Merkur und Mars in Konjunktion und im Quadrat zum Mond befinden.

Im allgemeinen werden die Menschen mit Mond im Stier gute Hausväter und Hausmütter sein, wenn der richtige Ehegefährte gefunden wird, wie es bei dem Ehepaar der Fall war, das unter „Sonne im Schützen“ (Abb. 19) besprochen wurde. (1. 12. 1901 und 25. 4. 1914.) Die Frau hat hier den Mond in 8° Stier, der Mann den Mars in 5° Steinbock stehen, sodaß die feste Bindung durch Mond Trigon Mars gegeben ist.

Nur Zurücksetzung können die Menschen mit Mond im Stier nicht vertragen, sie wollen immer beachtet sein. Ihr seelisches Erleben wurzelt sehr tief, sie können schwer vergessen und sind gern nachtragend.

Der Mond im Zeichen Zwillinge deutet auf ein lebhaftes und vermittelndes Wesen, vielseitige Anlagen und Interessen, Drang nach Abwechslung und Veränderung, Schwankungen in Stimmungen und Gefühlen. Diese Menschen brauchen daher einen Ehepartner, der den „ruhigen Pol“ in der Ehe darstellt. Innerlich ist mancher Zwiespalt zu überwinden. Manche Konflikte ergeben sich dadurch, daß mehrere Verbindungen aufrecht erhalten werden und die Entscheidung schwer fällt, welchem Partner die größere Liebe gehört. Besonders in der Jugend werden sehr viele Freundschaften angeknüpft, wozu das gesellige und lebhafte Wesen viel beiträgt. Nur dann, wenn mit einem Partner ein wirklich inniger Kontakt gefunden wurde, werden sie auch treu bleiben können, andernfalls neigen sie dazu, neben der Ehe auch Freundschaften aufrecht zu erhalten, durch die eine gesetzliche Bindung leicht gestört werden kann.

In Bezug auf das Triebleben werden Menschen mit Mond im Zwillinge zwar leicht erregbar sein, aber niemals in Sinnenlust allein ihre Befriedigung finden. Hat sich einmal ihre Schwärmerei gelegt, so sind immer wieder gegenseitige Aussprachen und Anregungen notwendig, um nicht das Interesse anderen Menschen zuzuwenden. Eine Frau mit Mond in Zwillinge will auch am Schaffen ihres Mannes regen Anteil nehmen, will wissen, was er im Beruf erlebt und will von ihm viel erfahren. Nur so wird sie über die einsamen Stunden in Abwesenheit des Mannes leichter hinweg kommen. Ebenso wird auch der Mann mit dieser Mondstellung an der Tätigkeit und dem täglichen Erleben der Gattin stark interessiert sein, wird ihr in der Freizeit gern etwas bieten wollen, um im eintönigen Alltagsleben ein gemeinsame Abwechslung zu haben. Eine Frau, die diese Einstellung des Mannes nicht zu schätzen weiß, und lieber zu Hause bleibt, setzt den Mann der Gefahr aus, daß er sich an anderer Stelle Abwechslung sucht, die auch die Ehe in Gefahr bringen kann.

Bei der Stellung des Mondes im Zeichen Zwillinge kommt es besonders darauf an, wie die anderen Gestirne im Geburtsbild stehen. Mond in Zwillinge im Trigon zur Sonne ist im Kosmogramm eines Mannes zu finden, der sehr glücklich verheiratet war. Mond in Zwillinge Trigon Uranus hat sich ebenfalls als günstig erwiesen. Mond in Zwillinge Quadrat Uranus bezeichnet eine Frau als Ursache ihrer eigenen Untreue, die zur Scheidung führte. Mond Konjunktion Neptun und Mars in Zwillinge brachte in einem Falle einer Frau so viele Enttäuschungen, daß sie lieber berufstätig und ledig blieb. In einem anderen Geburtsbild wurde Mond in Zwillinge Konjunktion Neptun als Ursache angesehen, daß sich zwar sehr viele Verbindungen ergaben, aber der Entschluß zur Ehe nicht gefaßt werden konnte. Mond in Zwillinge Opposition Saturn befindet sich im Kosmogramm eines Mannes, der seine Frau mißhandelte. (Mond = Gefühl, Saturn = Kälte, also Gefühlskälte.)

Der Mond im Zeichen Krebs, also in seinem „eigenen Zeichen“ (Mond = „Herrscher“ im Krebs), weist auf ein sehr starkes und leicht beeinflußbares Gefühlsleben hin. Alle Eindrücke und Einflüsse haben ein starke seelische Reaktion zur Folge. (Auch die gesundheitliche Verfassung wird dabei stark beeinflußt, insbesondere die Verdauung. Mond und Krebs sind magenbezüglich. Seelisches Leid hat oft augenblicklich Mangel an Appetit, Magendrücken, Magenkrämpfe usw. zur Folge.)

Die Stimmung wechselt sehr häufig, wobei auch die Umwelteinflüsse haben eine starke seelische Reaktion zur Folge. (Auch die auf Grund der eigenen Feinfühligkeit und Empfindsamkeit viel schwerer empfunden als bei anderen Typen. Die Tränen sitzen oft sehr locker. Die Aufnahmebereitschaft geht oft so weit, daß diese Menschen leicht die Gedanken anderer Menschen erfassen und sich auch dementsprechend einstellen. Von einem Partner wird daher größte Rücksichtnahme auf die seelische Verfassung verlangt, andernfalls ziehen sich die „Mondkrebse“ in sich selbst zurück und bleiben verschlossen. Es liegt also immer die Gefahr nahe, daß durch ein unbedachtes Wort der Kontakt gestört wird.

Die Menschen mit der Mondstellung im Krebs lieben ein trautes Heim, sind auch in bescheidenen Verhältnissen zufrieden, sind sparsam. Die Männer erweisen sich meist als gute Hausväter und fühlen sich am wohlsten daheim.

Die Frauen verstehen es, ihre Umgebung sehr harmonisch zu gestalten und wollen nicht nur ihre Familie sondern auch ihre Gäste gern bemuttern. Bei guten Aspekten zum Mond sind diese Menschen beständig und treu, bei ungünstiger Aspektierung ist oft innere Haltlosigkeit und Mangel an Selbstbeherrschung festzustellen. Da der Mond den Flüssigkeitshaushalt des Körpers „beherrscht" und hier noch im „wässrigen Zeichen" Krebs steht, so liegt meist großer Durst vor, der sich nachteilig auswirken kann, wenn er durch Alkohol gestillt wird. Menschen mit starker Krebsbesetzung haben oft Beziehungen zu Gaststätten.

Eine Hotelsekretärin mit Mond im Krebs im Trigon zum Uranus knüpfte sehr viele intime Beziehungen an, ohne zu heiraten. Ein Mann mit Mond im Krebs Opposition Mars wurde zum Trinker, vergaß sich gegenüber seiner Hausgehilfin und wurde von seiner Frau geschieden. Eine Frau mit Mond im Krebs Quadrat Merkur war mit einem Gastwirt verheiratet und erlitt einen Nervenzusammenbruch.

Diesen Ausnahmen stehen aber sehr viele Fälle gegenüber, in denen eine wirklich innige Verbindung der Ehegatten besteht. Ein Mann, in dessen Geburtsbild Mond im Krebs im Trigon zum Mars steht, war sehr glücklich verheiratet, und konnte sich über den frühen Tod der Gattin nicht hinwegsetzen; er heiratete erst 10 Jahre später zum zweiten Mal und deshalb, weil er durch die Verhältnisse dazu gezwungen war. Ein Mädchen mit Mond im Krebs im Trigon zum Uranus blieb ihrem gefallenen Bräutigam auch über den Tod hinaus treu und brachte es nicht fertig, nochmals eine Ehe einzugehen.

In vielen Fällen wurde festgestellt, daß Frauen mit Mond im Krebs bedeutend ältere Männer heirateten, die in ihrer ersten Ehe nicht glücklich gewesen sind.

Der Mond im Zeichen Löwe deutet auf ein gutes und weites Herz, das sehr viel Liebe geben kann. Das reiche und volle Gemüt findet überall raschen Kontakt. Der Sinn für harmonische Geselligkeit, Freude an Kunst und Musik, Gefallen an anregender Unterhaltung und an Vergnügungen führen schnell zu allgemeiner Beliebtheit. Dadurch fällt es oft schwer, aus mehreren den rechten Ehepartner zu finden. Durch ihre selbstbewußte Haltung, ihr autoritatives Wesen und ihre „bezaubernde“ Erscheinung oder auch einen besonderen Liebreiz üben diese Menschen eine starke Anziehungskraft aus, die den Partner „berauschen“ und nüchterne Erwägungen außer acht lassen. Eine Frau, die sich von ihrem Mann, dessen Geburtsbild Mond im Löwen zeigte, scheiden ließ, äußerte sich: „Fragt man mich, warum ich diesen Mann geheiratet habe, so versuche ich vergebens meine damalige Gemütsverfassung festzustellen!“ Oftmals ist nicht der Eindruck beim Ehepartner allein maßgebend, sondern die Schwiegereltern sind von dem „stattlichen Mann“ oder der „reizenden Frau“ so eingenommen, daß sie ihr Kind zu der Heirat bestimmen.

Das „weite Herz“ ist zuweilen zu groß, um die Liebe nur einem Partner geben zu können, besonders dann, wenn dieser nicht den gleichen Sinn für Geselligkeit und Vergnügungen aufbringen kann. Denn das „Löwe-Gemüt“ verlangt nach Glanz und Freude und wird keineswegs mit einem pessimistisch oder hausbacken veranlagten Ehegatten auf die Dauer auskommen können. Andererseits ist es aber auch notwendig, daß der Ehegatte den „Mondlöwen“ in Grenzen hält, um nicht nur Einnahmen und Ausgaben im Einklang zu halten, sondern auch über die eheliche Treue zu wachen. Auch zu große Gutmütigkeit und Opferbereitschaft kann nachteilig werden. Ein Mann, der im Hause der Schwiegereltern wohnte, stellte gern sein ganzes Gehalt zur Verfügung, ohne zu merken, wo das Geld eigentlich blieb, bis er einmal feststellte, daß die Schwiegermutter, die den Haushalt führte, ihr eigenes Sparkonto dank seiner Großzügigkeit sehr erheblich vergrößert hatte.

Ausschlaggebend sind bei der Stellung des Mondes im Löwen wie bei anderen Zeichen die Aspekte zu anderen Gestirnen. Eine Frau mit Mond im Löwen Quadrat Neptun erlebte sehr große Enttäuschungen. Mond Trigon Venus führte bei einem Manne zu einem sehr reichen und bewegten Liebesleben, da andere Konstellationen eine Ehe verhinderten.

Der Mond im Zeichen Jungfrau läßt das Gefühlsleben unter die Herrschaft des Verstandes nehmen, so daß es schwer ist, zwischen ihrem inneren Empfinden und ihren Äußerungen zu unterscheiden. Sie haben auch oft Hemmungen, ihren Gefühlen freien Lauf zu lassen, aus Angst sich bloßzustellen oder ihr Innenleben preiszugeben. Es gibt aber auch viele Menschen mit dieser Mondstellung, die das

Leben nur von der praktischen und sachlichen Seite aus sehen. Wenn sie heiraten wollen, so lassen sie nicht allein die Liebe sprechen, sondern unterziehen Partner oder Partnerin einer scharfen Kritik und lassen sich dabei von praktischen Erwägungen leiten; eine Frau fragt nach ihrer Sicherstellung, ein Mann verlangt eine tüchtige Hausfrau oder auch eine tüchtige Mitarbeiterin in seinem Geschäft. Während diese Menschen in der Beurteilung anderer oft sehr kleinlich sind, auch Argwohn und Mißtrauen leicht aufkommen lassen, sind sie selbst keineswegs immer so korrekt wie sie vorgeben und sagen auch manches, was mit der Wahrheit nicht übereinstimmt. (Siehe auch die Beispiele unter „Sonne im Steinbock", wo bei beiden Ehepartnern der Mond in der Jungfrau steht.)

Wenn reifliche Überlegung, genaues Abwägen der Verhältnisse und gründliches Kennenlernen vor der Ehe mitsprechen, so hat das viel für sich, verhindert eine übereilte Heirat und kann für ein künftiges harmonisches Zusammenleben sehr wertvoll sein. Es ist hier keineswegs Zufall, wenn gerade auch solche Ehepartner gesucht und gefunden werden, bei denen ebenfalls der Mond in der Jungfrau oder im Trigon dazu, in Stier oder Steinbock, stehen, weil bei diesen Menschen gleiche Bestrebungen und Interessen für die eheliche Harmonie viel mitsprechen. „Meine Frau und ich leben sehr gut miteinander", schreibt ein Mann, in dessen Geburtsbild wie auch in dem seiner Gattin Mond in Jungfrau steht. Ein anderer Ehemann urteilt: „Ich bin 25 Jahre verheiratet. Unsere Ehe ist, von kleinen Reibereien abgesehen, ganz harmonisch, aber leider kinderlos!" Die Kinderlosigkeit ist zuweilen darin begründet, daß vielleicht aus Existenzgründen zunächst keine Kinder gewünscht werden, und wenn die Ehepartner älter geworden sind, ist es zu spät. Da die Menschen mit Mond in der Jungfrau sehr wählerisch sind, wird oftmals eine Ehe sehr spät eingegangen oder überhaupt darauf verzichtet. Ehescheidungen scheinen bei dieser Mondstellung sehr wenig vorzukommen. (Mitunter dürfte auch eine Trennung vermieden werden, um sich in der Öffentlichkeit nicht bloßzustellen.)

Der Mond im Zeichen Waage gibt ein sehr starkes Liebesbedürfnis, weil das Leben ohne Partner zu leer erscheint. Diese Menschen brauchen einen Lebensgefährten, der ihrem Leben erst den rechten Inhalt gibt, der ihnen einen Halt bietet im Daseinskampf, der sie im Gleichgewicht erhält. Selbst wenn der Mond in der Waage günstig aspektiert ist, wird im Liebesleben nicht immer die Haltung gezeigt, die für Aufrechterhaltung der ehelichen Harmonie notwendig ist. Der früh erwachte Liebesdrang führte bei dieser Mondstellung in vielen Fällen zu unehelichen Geburten, ohne aber das als Regel ansehen zu dürfen. Das Leben wird nicht sehr schwer genommen, und tritt einmal ein Schicksalsschlag ein, so wird er verhältnismäßig leicht überwunden, da auch dem Schicksal gegenüber eine große Anpassungsfähigkeit vorliegt. Bezeichnend ist der Brief einer Frau: „Trotz des großen Altersunterschiedes (Mann am 4. 4. 1880, Frau am 29. 7. 1903 geboren) vertragen wir uns sehr gut. Nur eins stimmt mich oft recht traurig und zerrt zuweilen unliebsam an meinen Nerven, nämlich das Fehlen von Kindern. Wir wünschen uns beide welche, und dennoch hat sich das nicht erfüllt, obwohl wir beide gesund und kräftig sind, und selbst mein Mann mit seinen 52 Jahren noch sehr frisch und jugendlich ist, allgemein auf 40 bis 45 Jahre geschätzt wird. Wir sind beide Vegetarier, fast Rohköstler, und leben sehr bescheiden in unserer Ernährung. Wüßte ich, daß ich in meiner Ehe niemals Kinder kriegen würde, würde ich mich damit abfinden und meine Interessen auf einen anderen Lebenszweck richten. Denn bis jetzt ist meine Einstellung so, daß ich ein festes und nützliches Lebensziel haben muß. Bis heute sah ich das nützlichste und schönste Ziel in der Mutterschaft und den damit verbundenen Pflichten. Wäre es mir aber nicht bestimmt, dann würde ich mich eben auf etwas anderes umstellen, denn es gibt ja noch genug edle und wertvolle Ziele, für die man sein Leben einsetzen kann." Diese Frau, in deren Geburtsbild der Mond in der Waage steht, hat es also nicht nur fertig gebracht, mit einem um 23 Jahre älteren Manne (Mond Trigon Saturn) glückliche Ehejahre zu verleben, sondern sie könnte sogar auf Mutterschaft verzichten. Im Geburtsbild stehen Sonne und Saturn in Opposition, ferner Uranus und Venus im Quadrat, so daß wahrscheinlich gesundheitliche Störungen die Ursache der Kinderlosigkeit sind. Dementsprechend zeigt das Kosmogramm des Mannes Saturn Konjunktion Sonne im Widder, so daß also ähnliche Konstellationen in beiden Nativitäten auf ein gemeinsames Schicksal hinweisen.

Der Mond im Zeichen Skorpion macht das Glück in der Liebe stark von der Beherrschung des Trieblebens abhängig. Bei schlechter Aspektierung stellen sich besonders bei Frauen Unterleibsstörungen ein, die nicht ohne Einfluß auf das eheliche Zusammenleben sind. Meist zeigt der Charakter mehr Eigenwilligkeit als Anpassung, mehr Rücksichtslosigkeit als Takt, mehr nachtragendes als versöhnendes Wesen, mehr Einseitigkeit als Vielseitigkeit. Es fällt schwer, einen Mittelweg einzuhalten, die Menschen fallen sehr leicht ins Extreme. Oft müssen erst die Schattenseiten des Lebens durchgemacht werden, bis sie sich selbst mehr in die Gewalt nehmen, die

Leidenschaftlichkeit bis zu einem gewissen Grade überwunden wird und mehr ethische oder religiöse Ziele verfolgt werden. Ein am 18. 6. 1891 geborener Mann mit Mond im Skorpion Trigon Mars schreibt über sich selbst: „Ich bin der Sohn eines Schuhmachers, der ein jähzorniger, verschlossener und sinnlicher Mann war. Ich selbst habe eine ganz miserable Jugend gehabt. Durch elterliche Auseinandersetzungen und all das, was ich miterlebte, wurde ich seelisch vergiftet, litt furchtbar darunter und drohte unterzugehen. Erst durch meine Ehe habe ich geordnete Verhältnisse gefunden. Nur unsere Lebensverhältnisse sind recht armselig trotz allem Entsagen. Ich bin Nichtraucher, Antialkoholiker, besuche keine Vergnügungen . . . Meine Kinder sind immer kränklich. Meine Frau war 1928 sehr kränklich, ist gewissermaßen als Krüppel wieder nach Hause gekommen, so daß sie als Ehefrau nicht mehr in Frage kommt. Das ist eine Qual für beide Teile. Ich kann aber meine Familie auch nicht verlassen, sondern ich muß ausharren. Ich suche die Kraft dazu in der Beschäftigung mit geistigen Problemen, kämpfe mit meiner Doppelnatur, suche das höhere Ich in mir herauszuschälen . . .“

Dieses Gegenspiel zwischen Leidenschaftlichkeit und geistigem Streben findet man sehr oft bei Skorpionbeeinflußten, die sehr wertvolle Menschen sein können, ja vielleicht wertvoller und zu höheren Leistungen fähig als solche, die immer ausgeglichen erscheinen. Ist der rechte Ehepartner gefunden, kann das Liebesleben auch sehr harmonisch sein, besonders in einer kinderreichen Ehe.

Bei Männern mit Mond im Skorpion wurde mehrfach festgestellt, daß deren Frauen zu Unterleibskrankheiten neigen, wenn sich die Männer nicht genügend in der Gewalt haben. Die „Marskraft“ des Zeichens Skorpion muß also in Leistung umgewandelt werden und darf sich nicht allein auf erotischem Gebiet auslösen.

Der Mond im Zeichen Schütze deutet auf körperliche wie geistige Beweglichkeit und Anpassungsfähigkeit, so daß es den Menschen mit dieser Mondstellung im Geburtsbild nicht schwer fällt, das rechte Verhältnis zu einem Ehepartner zu gewinnen, sofern der Mond nicht schlecht aspektiert ist oder andere Konstellationen dagegensprechen. Etwas Zwiespältigkeit im Charakter verlangt vom Partner größere Festigkeit und Standhaftigkeit. Nach vorliegendem Material waren die Ehen mit dieser Mondstellung meist günstig, nur bei kritischen Aspekten lag die Gefahr der Untreue vor, woran meist erheblich jüngere Personen schuld waren.

Um dem Drang nach Abwechslung nachzukommen, ist es gut, wenn die Ehepartner gleiche Interessen haben, sich gern sportlich betätigen oder gemeinsam Reisen unternehmen. Leidet dagegen ein Teil darunter, daß der andere Partner hier hemmend wirkt, so ergeben sich leicht Differenzen, und dann ist die Gefahr gegeben, daß sich dritte Personen einschalten.

Ein häufiger Stimmungswechsel darf nicht so ernst genommen werden. Auch hier kommt es auf den Lebensgefährten an, ausgleichend zu wirken, bei übermäßiger Ausgelassenheit zu bremsen und bei pessimistischer Seelenhaltung aufzumuntern.

Der Mond im Zeichen Steinbock weist auf ein einfaches und natürliches Wesen hin. Gefühlsmäßig sind diese Menschen keineswegs so kühl wie oft angenommen wird, sondern sie können ihren Gefühlen nicht immer den rechten Ausdruck verleihen, sie wollen ihr Inneres nicht preisgeben, halten sich zurück und versuchen stets, nach außen hin ausgeglichen zu erscheinen. Sie vermeiden jede Auffälligkeit und halten aus diesem Grunde auch gern mit Liebkosungen zurück.

Diese Menschen legen Wert auf ein gemütliches und trautes Heim, begnügen sich mit einer einfachen Lebenshaltung, gestalten ihre Umwelt nach praktischen Gesichtspunkten, zeigen sich mit der heimatlichen Scholle verbunden und leben gern auf eigenem Grund und Boden.

Sehr gern werden Ehepartner gesucht, die sich mit einfachen Lebensverhältnissen zufriedengeben. Die Männer mit Mond im Steinbock suchen eine häusliche, praktische und sparsame Hausfrau, eine „Modedame" lehnen sie ab. Ist die Ehefrau etwas großzügiger veranlagt, so legen sie ihr gern Zügel an und halten den Geldbeutel fester verschlossen, als vielleicht immer notwendig ist. Die Frauen mit dieser Mondstellung sind sehr praktische Hausfrauen und freuen sich, wenn ihre Männer auch stets zu Haus bleiben und ganz in der Familie aufgehen. Als Lebensgefährten werden solche Männer bevorzugt, die bedeutend älter sind oder aber sich durch Ernst und Reife auszeichnen.

In der Liebe sind diese Menschen standhaft und treu, sie achten auch eifersüchtig darauf, daß ihnen der Gatte ganz allein gehört. Ein Fehltritt des Partners kann nur schwer vergessen werden oder es werden sofort die Konsequenzen gezogen. Eine Ärztin, in deren Geburtsbild Mond im Steinbock steht, ließ sich bereits nach 14 Tagen wieder scheiden, weil der Mann Ehebruch verübte.

Dadurch, daß diese Menschen nicht imstande sind, ihren Gefühlen sofort Ausdruck zu verleihen, tragen sie irgendwelche Verstimmungen lange mit sich herum, zeigen sich sehr verschlossen und können sich nur schwer zu einer Aussprache aufraffen. Aus diesem Grunde muß der Ehegefährte immer darauf bedacht sein, die Verstimmungen sofort zu beheben, damit sie nicht zu größeren Spannungen führen. Das Zeichen Steinbock hat Saturn als „Herrscher", der Mond im Steinbock ist also saturnbeeinflußt, so daß der Partner alles daransetzen muß, um diesen gefühlshemmenden und bedrükkenden Charakter aufzulockern und zu beleben.

Der Mond im Zeichen Wassermann verleiht meist ein sehr sympathisches Wesen, stete Hilfsbereitschaft, gute Einfühlungsgabe, andererseits aber auch Liebe zu Freiheit und Unabhängigkeit, Hang zu Selbständigkeit, Eigenwilligkeit und Neuerungsbestrebungen. Es fällt diesen Menschen schwer, sich auf die Dauer anzupassen, sie können die Liebe nicht zu engherzig auffassen, sondern haben etwas von der allgemeinen Menschenliebe in sich, die für sie über der persönlichen Zuneigung steht, ohne daß aber dabei gleich an eine Veranlagung zu Untreue gedacht werden muß.

Eine am 27. 9. 1898 geborene Frau heiratete einen um 33 Jahre älteren Mann. Die Frau war eine „prächtige Erscheinung", mit guten „Waageeigenschaften", der Mann dagegen war eine weniger imponierende Persönlichkeit, besaß aber einen edlen Charakter. Die Frau führte fast 6 Jahre eine Doppelehe im eigenen Hause, ohne daß der Mann davon etwas merkte. Diesen Zustand wollte sie auch bis zum Ableben des Gatten erhalten, zumal dieser bestimmte Ehepflichten nicht mehr erfüllen konnte. Die Ehe wurde dann wegen Ehebruch sofort geschieden. Es ist dabei bezeichnend, daß der Mond bei der Frau im letzten Grade des Zeichens Wassermann im Quadrat zum Uranus in der Halbsumme von Venus und Saturn steht. Die Eigenwilligkeit des Mondes im Wassermann wurde also durch das Quadrat zum Uranus noch erhöht. Uranus in Venus/Saturn mußte dann zu einer plötzlichen Trennung führen (KdG). Die Venus im Zeichen Skorpion ist bezeichnend für die leidenschaftliche Veranlagung, die der alte Mann nicht mehr befriedigen konnte.

Eine am 30. 7. 1882 geborene Frau heiratete bereits mit 20 Jahren, schenkte ihrem Mann 2 Mädchen und einen Knaben, von denen aber nur ein Mädchen am Leben blieb. Die Ehe wurde nach 20 Jahren wegen Untreue geschieden. Der Mond im Wassermann stand bei dieser Frau genau in Opposition zur Sonne im Löwen; Uranus, Venus und Mars standen in sehr enger Konjunktion im Zeichen Jungfrau, so daß auch hierdurch eine sehr triebhafte Veranlagung gegeben war, durch die es der Frau schwer fiel, die Treue zu halten. Bereits 4 Jahre nach der Scheidung ging diese Frau ein illegitimes Verhältnis mit einem alten Herrn ein, pflegte diesen bis zum Tode und erbte 40 000 Mark, so daß sie mit ihrem Liebestrieb auch einen sehr egoistischen und praktischen Zweck zu verbinden wußte. Saturn und Neptun standen im Stier, dem Zeichen der „Lebenssicherung", im Trigon zu Venus, Mars, Uranus. Dabei spielte auch noch eine sehr interessante Konstellation eine Rolle: Jupiter 22° Zwillinge, Uranus 16° Jungfrau, Mars 18° Jungfrau, also Mars im Halbquadrat zu der Achse Jupiter/Uranus, worüber die (KdG) aussagt: „Rasche Entschlossenheit, Einfälle sofort verwirklichen wollen, Freiheitsliebe, sein Glück machen, Spekulationen". Das Glück wurde gemacht durch die Liebe, denn die Venus in 16° Jungfrau steht in Konjunktion mit Mars.

Daß die Stellung des Mondes im Wassermann häufig zu Verbindungen mit großem Altersunterschied führt, wurde mehrfach bestätigt gefunden. Oft waren mehrere Verbindungen nebeneinander oder nacheinander vorhanden, die auf das weitere Schicksal einen sehr großen Einfluß ausübten. Das Zeichen Wassermann soll als 11. Zeichen dem 11. Haus entsprechen, das für Freundschaften maßgebend ist. Diese Freundschaften sind für das Schicksal oft ausschlaggebender als die Ehe selbst.

Wenn der Mond im Zeichen Wassermann sehr oft ein ungewöhnliches Liebesleben andeutet, was die geschilderten Fälle auch beweisen, so gibt es bestimmt auch sehr viel glückliche Ehen mit dieser Mondstellung, wenn sich die richtigen Partner fürs Leben finden und wahre Neigung die Ursache einer Verbindung ist.

Der Mond im Zeichen Fische läßt auf ein gutmütiges, williges und entgegenkommendes Wesen schließen und gibt die Möglichkeit, sich allen Verhältnissen anzupassen. Oftmals fühlen sich diese Menschen aber nicht ganz verstanden, sind etwas haltlos, Stimmungsschwankungen unterworfen, lassen sich gern treiben und können sich nicht immer richtig zur Geltung bringen, woraus sich Minderwertigkeitsgefühle entwickeln können. Besonders Frauen fühlen sich vereinsamt oder werden durch das Schicksal zu einer gewissen Zurückhaltung oder Einsamkeit gezwungen.

Eine Frau mit Mond im Zeichen Fische litt sehr unter der Einsamkeit, weil der Mann ständig auf Geschäftsreisen war, eine andere Frau war zu einer platonischen Ehe verurteilt, weil sie mehrere Unterleibsoperationen durchmachen mußte, wieder eine andere konnte den Tod ihres Verlobten nicht überwinden und konnte sich zu einer neuen Verbindung nicht entschließen.

Bei schlechter Aspektierung des Mondes besteht Neigung zu Genußgiften (Alkohol), Haltlosigkeit und Verführbarkeit. Es werden gern heimliche Verbindungen eingegangen.

Eine sehr glückliche Ehe führte eine Frau, die am 19. 8. 1875 geboren ist und mit einem am 11. 2. 1874 geborenen Mann verheiratet war. Bei der Frau stand zwar der Mond im Quadrat zum Mars, aber der Mond stand auch in der Halbsumme Sonne/Jupiter, was auf eine glückliche Ehe schließen läßt.

Der Ascendent

bezieht sich im Geburtsbild vornehmlich auf die Persönlichkeit und ihrem Verhältnis zur Umwelt, er gewinnt dadurch für die Eheveranlagung besondere Bedeutung. Ist doch der im Augenblick der Geburt aufsteigende Punkt des Tierkreises bezeichnend für die Lösung des Kindes vom Mutterleib, für den Beginn der eigenen Atmung und der Selbständigkeit des ganzen Organismus. In dieser Minute wird das Kind nicht allein in seine Umwelt hineingebettet, sondern auch die Umwelt wie die gesamte Strahlung von Kosmos und Erde gewinnen ihren ersten Einfluß auf das neue Lebewesen. Es wird daher angenommen, daß dieser Augenblick für Konstitution, Aussehen und Charakter maßgebend ist. Geschulten Kosmobiologen gelingt es daher oftmals, aus Gestalt und Aussehen des Menschen auf den Ascendenten zu schließen. Dr. Schwab hat in dieser Beziehung Experimente durchgeführt und dabei eine Trefferzahl von 73 % erzielt. Es muß aber berücksichtigt werden, daß „starke“ Gestirne in der Nähe des Ascendenten ebenso einen starken Einfluß gewinnen und die äußeren Merkmale abändern können. Ist doch ein sehr großer Unterschied festzustellen, ob sich z. B. Jupiter oder Mars oder Saturn gerade am Aufgangspunkt bei der Geburt aufhalten. Aus diesem Grunde sollte man den Ascendenten auch nicht allein sondern nur im Zusammenhang mit dem gesamten Geburtsbild beurteilen; keineswegs aber die folgenden Deutungen für sich allein verwenden.

Das Zeichen Widder am Ascendenten deutet auf eine schlanke, muskulöse Erscheinung mit scharfen Gesichtszügen und einen willensbetonten Charakter. Diese Menschen sind gewöhnt, ihre Ziele eifrig zu verfolgen und werden auch alles daran setzen, einen Menschen für sich zu gewinnen, der ihnen als Ehegefährte wertvoll erscheint. Oftmals zeigen sie eine sehr leidenschaftliche Haltung und setzen alles daran, den Partner unter den eigenen Einfluß zu zwingen, ihn zu besitzen und zu beherrschen. Die Partner solcher Menschen sollten sich daher niemals ganz hingeben, sollten sich immer etwas in Reserve halten, um der Widdernatur immer von neuem Gelegenheit zu geben, sich „erobern" zu lassen und dadurch zu vermeiden, daß nach anderen „Eroberungen" Ausschau gehalten wird, wenn das Ziel erreicht ist. Manche Widdernaturen benutzen auch ihre ungewöhnliche Energie dazu, um in ihrem Beruf Besonderes zu leisten, wodurch sich der Ehepartner etwas unbefriedigt fühlen kann.

Das Zeichen Stier am Ascendenten gestaltet meist mittelgroße Menschen, die mit zunehmendem Alter zur Korpulenz neigen mit Anlage zu Krankheiten der Unterleibsorgane (Skorpion als Gegenzeichen). Die Leidenschaftlichkeit muß im allgemeinen erst geweckt werden. Es finden sich hier Naturen, die gern „erobert" sein wollen, dabei aber keineswegs innerlich so ruhig sind, wie sie äußerlich erscheinen. Diese Menschen übereilen nichts, haben stets praktische Ziele im Auge und gehen nur dann gern eine Ehe ein, wenn der Lebensunterhalt gesichert ist. Der Wille trägt mehr passiven Charakter, äußert sich mehr in Beharrlichkeit und Eigensinn. Die Menschen beugen sich nicht der Gewalt sondern verlangen Liebe, Güte und Verstehen. Manche Konflikte sind durch selbstsüchtige Bestrebungen bedingt. Sie geben sich gern dem frohen Lebensgenuß hin, nehmen alle Annehmlichkeiten mit, lieben ein gemütliches, schönes und praktisches Heim, neigen mitunter etwas zu Melancholie. Ungünstige Aspekte, zum Mars am Ascendenten haben erfahrungsgemäß oftmals Gefahr für den Bestand der Ehe gebracht.

Das Zeichen Zwillinge am Ascendenten weist auf einen mehr schlanken und beweglichen Körper hin, das Gesicht zeigt eine starke Ausdrucksfähigkeit, wenn der Mund redet, sprechen auch oft die Hände mit. Die Stimmung kann mitunter sehr rasch wechseln, was mit einer starken Beeinflußbarkeit und einer etwas nervösen Anlage zusammenhängen kann. Diese Veranlagung kann mitunter die Ursache von Konflikten sein, wenn der Lebenspartner nicht das richtige Verständnis aufbringen oder nicht den rechten Halt bieten kann, wenn er nicht bereit ist, im Übermut wie bei plötzlicher Traurigkeit ausgleichend zu wirken. Oftmals heiraten zwillingsbeeinflußte Menschen mehrmals, wenn auch andere Zeichen im Geburtsbild dafür vorhanden sind.

Das Zeichen Krebs am Ascendenten vermittelt im allgemeinen eine mittelgroße Gestalt mit rundlichem Gesicht und großen Augen. Charakteristisch sind zurückhaltendes bis schüchternes Wesen, tiefes Gemüt, feines Empfinden, Häuslichkeit, Fleiß und Ordnungsliebe. Die Stimmungsabhängigkeit von der Umwelt tritt hier besonders stark in Erscheinung. Diese Menschen sind sehr anschmiegsam und liebebedürftig. Ihren Willen verstehen sie in aller Ruhe — zuweilen auch auf Umwegen — durchzusetzen. Sie haben ein mitfühlendes Herz, umsorgen gern andere und sind auch zu größeren Opfern fähig. Wenn der Ascendent im Krebs schlecht aspektiert ist oder sich weitere Gestirne im Krebs oder im Steinbock befinden, kann Neigung zu Magenleiden vorliegen, die wieder mit Überempfindlichkeit und Launenhaftigkeit im Zusammenhang stehen können. In guten Ehen ist meist Kinderreichtum zu erwarten. Der Ehepartner sollte dem stimmungsabhängigen „Krebs" gegenüber eine festere Natur haben, aber andererseits auch auf seelische Regungen eingehen können. Seelische Vereinsamung sollte unbedingt vermieden werden.

Das Zeichen Löwe am Ascendenten gibt mittelgroße bis große (athletische) Erscheinungen mit sicherem Auftreten und positiver Lebenseinstellung, wodurch Krisen und Schwierigkeiten im Leben leichter überwunden werden. Lebenskraft und Lebensfreude können auch einen etwas negativ eingestellten Ehepartner mitreißen. Sehr gern wird die Führung in der Ehe übernommen und vom Partner Anpassung verlangt. Durch taktvolles Benehmen und liebenswürdiges Entgegenkommen wird rasch Sympathie erwoben, mit größter Gewandtheit werden oft auch kleine Unaufrichtigkeiten verdeckt. Etwas großzügig veranlagt, wird auch vom Ehegefährten verlangt, über einzelne Abwegigkeiten hinwegzusehen. Mitunter besteht Neigung zu Liebesabenteuern außerhalb der Ehe, wenn auch andere Faktoren im Geburtsbild darauf hinweisen. Die Menschen mit dem Zeichen Löwe am Aufgangspunkt kann man oft dadurch gewinnen, daß man ihnen Anerkennung zollt und ihrem Geltungsdrang entgegenkommt.

Das Zeichen Jungfrau am Ascendenten deutet meist auf einen größeren gut proportionierten Körper hin, dem sehr viel Pflege zukommt. Eine gewisse Veranlagung zu Verdauungsstörungen bringt es mit sich, daß gern auf eine naturgemäße Ernährung geachtet wird. Die Lebensführung ist einfach, das Wesen bescheiden und natürlich. Diese Menschen sind zufrieden, wenn das Leben seinen gewohnten Gang geht, treten aber Zwischenfälle auf, so lassen sie sich leicht in ihrer Stimmung beeinflussen, zeigen sich gereizt und unentschlossen. An anderen Menschen wird gern kritisiert oder gar genörgelt. Man macht es ihnen selten recht, woraus sich oft Unstimmigkeiten in der Ehe ergeben, andererseits sind sie auch nicht ohne Fehler und nicht ohne Falsch, möchten aber immer so erscheinen, als ob an ihnen überhaupt kein Makel sei.

Das Zeichen Waage am Ascendenten gestaltet meist einen harmonisch und schön gebauten Körper, der auf das andere Geschlecht eine stärkere Anziehung ausübt. Freundliches und entgegenkommendes Wesen wirken sehr sympathisch. Diese Menschen lehnen sich gern an andere an, können ihre Fähigkeiten überhaupt erst in Gemeinschaft mit anderen voll entfalten und fühlen sich wohl in anregender Gesellschaft. Waagebeeinflußte Menschen können nicht lange allein bleiben und sollten auch niemals einen Ehepartner wählen, von dem sie durch den Beruf, vielleicht notwendige Reisetätigkeit, öfters getrennt sind, um nicht die Gefahr heraufzubeschwören, daß ein Freund oder eine Freundin die Ehegemeinschaft stört.

Das Zeichen Skorpion am Ascendenten entspricht meist mittelgroßen, nicht immer gut proportionierten Menschen mit markanten Gesichtszügen und scharf blickenden Augen. Diese Menschen sind kämpferisch eingestellt, sind gewohnt sich durchzusetzen, möchten gern anderen ihren Willen aufzwingen, sind aber bei guter Veranlagung auch beispielhaft für Strebsamkeit und Fleiß. Sie fühlen sich besonders zu solchen Partnern hingezogen, die sich ihnen anpassen und nicht widersprechen, andernfalls zeigen sie sich leicht gereizt oder sogar jähzornig und brutal. Dafür fühlen sie sich aber allen Schwierigkeiten des Lebens gewachsen, sind unermüdlich und können etwas haltlosen oder negativen Naturen ein guter Ehegefährte sein. Nur die eigene Impulsivität und Leidenschaftlichkeit muß in Grenzen gehalten werden, besonders dann, wenn der Einfluß des Aufgangszeichens durch andere Gestirne verstärkt wird.

Das Zeichen Schütze am Ascendenten gibt meist einen beweglichen Körper, der in der Jugend schlank ist, aber späterhin etwas zu Korpulenz neigen kann. Diese Menschen sind gesellig, passen sich leicht jeder Stimmung an, kommen leicht in engeren Kontakt und sind auch idealistischen Gedankengängen sehr zugänglich. Sie haben aber auch ihren Vorteil im Auge, lieben Freiheit und Unabhängigkeit und übernehmen nicht gern Verpflichtungen. Häufig spielen mehrere Liebesverbindungen im Leben eine größere Rolle. Manchmal werden Beziehungen zu religiös oder künstlerisch veranlagten Menschen angeknüpft. Ehepartner mit festen Grundsätzen aber auch großer Anpassungsfähigkeit und Vielseitigkeit werden die beste Ergänzung bilden.

Das Zeichen Steinbock am Ascendenten verleiht einen Charakter mit festen Zielen, starkem Willen und unermüdlicher Arbeitskraft. Solche Eigenschaften haben diese Menschen aber auch notwendig, da das Leben an sie größere Aufgaben zu stellen scheint und größere Aufgaben auch mit größeren Schwierigkeiten verbunden sind, die überwunden werden müssen. Nur durch stärkste Konzentration auf das Wesentliche und die zunächst erreichbaren Ziele ist es möglich, sich Geltung zu verschaffen und Erfolge zu erringen, die meist erst in mittleren Lebensjahren eintreten. Steinbockbeeinflußte Menschen sind meist schlank und knochig, erst später, — wenn sie es „geschafft" haben — gewinnt ihr Körper vollere Formen.

Zur Ergänzung brauchen diese Menschen mehr leichtlebige und frohe Naturen, die sie aus Arbeit und Grübeln herausreißen, um sich auch den angenehmen Seiten des Lebens zuzuwenden. Stimmungswechsel und zeitweilig mürrisches Wesen können mit Magen- und Verdauungsbeschwerden zusammenhängen.

Das Zeichen Wassermann am Ascendenten entspricht meist mittelgroßen bis großen Menschen, die sich rasch die Sympathie anderer erwerben, durch Einfühlungsvermögen und Menschenkenntnis sich gut auf andere Menschen einstellen und sich anpassen können. Sie gehen meist ihren eigenen Weg, haben starkes Interesse an Neuerungen und Reformen, beschäftigen sich gern mit Zukunftsproblemen. Sie brauchen einen Partner, der ihnen einesteils Verständnis entgegenbringt, der aber ihren oft überspannten Zielen zur rechten Zeit Einhalt gebietet und über eine gesunde Kritik verfügt.

Das Zeichen Fische am Ascendenten deutet auf eine kleine bis mittelgroße Gestalt hin, in späteren Jahren zur Fülle neigend. Starkes Innenleben, Empfänglichkeit für alle Einflüsse, leichte Beeinflußbarkeit, zurückhaltendes Wesen, Unbestimmtheit im Auftreten lassen diesen Charakter etwas negativ erscheinen, so daß zu seiner Ergänzung unbedingt eine Natur mit starkem Willen und festen Lebensgrundsätzen notwendig ist, um die Fischenatur positiv zu beeinflussen und ihr zur Geltung zu verhelfen, andererseits auch ein Ausnutzen durch andere vermeiden zu helfen. Auch in moralischer Hinsicht können diese Menschen einen Ehepartner gebrauchen, der ihnen Halt bietet und sie vor der Beeinflussung durch falsche Freunde bewahrt.

Das Medium coeli

bezeichnet im Geburtsbild das eigentliche Ich, das Individuum selbst, das Ichbewußtsein, das Lebensziel. Es ist daher unverständlich, daß bisher dieser Punkt gerade beim Vergleich von Kosmogrammen kaum berücksichtigt wurde. Es dürfte jedem Leser, der bereits etwas tiefer in die Astrologie eingedrungen ist, bekannt sein, welche Rolle gerade die Gestirne in der Nähe des MC spielen, ob Jupiter oder Sonne an dieser Stelle einen Aufstieg im Leben andeuten oder Saturn einen solchen sehr erschwert oder auch nach dem Höhepunkt in kurzer Zeit einen tiefen Sturz folgen läßt. In psychologischer Beziehung kommt es wohl darauf an, ob der Mensch die Veranlagung besitzt, mit Hilfe seines Ich- oder Oberbewußtseins sein Lebensziel richtig zu erkennen, sich selbst durchzusetzen und sich Anerkennung zu verschaffen, oder aber ob die unterbewußten Funktionen stärker sind und sich der Mensch von allen möglichen Einflüssen treiben läßt, statt sie selbst zu lenken und zu beherrschen. Eine starke Individualität mit besonderer Betonung des MC verträgt sich kaum mit einer gleichstarken, sondern mehr mit einer anpassungsfähigen Persönlichkeit. Sind daher in beiden Partnerkosmogrammen die Kulminationspunkte stark besetzt, so können sich leicht Krisen ergeben. Dagegen ist die Harmonie eher gewährleistet, wenn in einem Kosmogramm das MC, im anderen der Gegenpunkt, das IC, betont ist. Im minderen Maße ergibt sich eine Ergänzung, wenn in einem Geburtsbild ein positives und im anderen ein negatives Zeichen am IC steht.

Das Zeichen Widder am MC läßt ein starkes Zielbewußtsein erkennen, deutet auf Optimismus, Ehrgeiz und Streben nach Führung, während vom Lebensgefährten Anpassung oder gar Unterordnung verlangt werden.

Das Zeichen Stier am MC läßt darauf bedacht sein, sich seine Existenz zu sichern, mit Zähigkeit und Ausdauer alle Ziele zu verfolgen, wodurch gleichzeitig einem etwas leichter veranlagten Partner ein gewisser Halt geboten werden kann.

Das Zeichen Zwillinge am MC gibt vielseitige Ziele und bringt die Gefahr einer Zersplitterung mit sich, so daß ein Lebensgefährte wünschenswert erscheint, der über größere Klarheit, Konzentration und Festigkeit verfügt.

Das Zeichen Krebs am MC gibt mehr eine gefühlsmäßige Einstellung in allen Bestrebungen, die wieder einen Partner ergänzt, der sich mehr durch eine verstandesmäßige Kontrolle leiten läßt. Die seelische Haltung kann aber doch so stark sein, daß sie der Persönlichkeit stärkere Geltung verschafft.

Das Zeichen Löwe am MC deutet auf hochgesteckte Ziele, ständiges Streben nach sozialer Besserstellung und Durchsetzungskraft der Persönlichkeit. Vom Ehegefährten wird dagegen viel Anpassung und vielleicht auch Unterordnung verlangt.

Das Zeichen Jungfrau am MC weist auf ein Streben nach einem wohlgeordneten Leben und einer möglichst sicheren Existenz. Auch vom Ehepartner wird verlangt, sich der eigenen Lebensordnung anzupassen, wenn er sich nicht ständiger Kritik aussetzen will.

Das Zeichen Waage am MC gibt allgemein eine große Anpassungsfähigkeit und eine harmonische Zusammenarbeit mit dem Partner, ohne aber dabei den Drang aufzugeben, sich selbst und seine Ziele auch zur Geltung zu bringen.

Das Zeichen Skorpion am MC deutet auf ehrgeiziges Streben, Fleiß und Ausdauer wie auch Erwerbssinn und Selbständigkeit. Der energische Charakter verlangt Anpassung vom Partner, der gern zur Mitarbeit herangezogen wird.

Das Zeichen Schütze am MC zeigt eine gewisse Großzügigkeit in der Lebensauffassung, aber doch verbunden mit sittlichem Ernst und großem Verantwortungsgefühl, wenn nicht andere Konstellationen dagegen sprechen. In der Ehe wird gern die Führung übernommen.

Das Zeichen Steinbock am MC läßt meist Vorsicht, Geduld und Ausdauer in der Gestaltung des Lebens erkennen, um sich langsam aber sicher durchzusetzen, wodurch auch dem Lebensgefährten ein fester Halt geboten wird.

Das Zeichen Wassermann am MC läßt die besten Möglichkeiten erfassen, immer wieder neue Ziele erkennen, immer wieder auf neue Gedanken kommen. Der Ehegefährte wird dadurch ständig angeregt, muß aber darauf achten, daß die Ziele auch energisch verfolgt werden und keinen Utopien nachgegangen wird.

Das Zeichen Fische am MC gibt mehr eine abwartende Haltung, ein Streben nach mühelosem Leben, so daß es am Ehepartner liegt, anzuregen und viel eigene Kraft für einen gemeinsamen Erfolg einzusetzen.

Die Venus

ist der Planet der Liebe, der gegenseitigen Anziehung wie auch des Geschlechtslebens. Die Venus hat Beziehungen zum Drüsensystem überhaupt und insbesondere zu den Geschlechtsorganen. Ist die Venus daher im Kosmogramm gut aspektiert, so wird sich auch das Geschlechtsleben harmonisch gestalten, ist sie mit anderen Gestirnen ungünstig verbunden, so kann das Triebleben leicht in ungünstige Bahnen gelenkt werden, oder es ergeben sich Störungen in den Geschlechtsfunktionen. Da die Venus auch für das ästhetische Empfinden maßgebend ist, läßt sich aus ihrer Stellung auch erkennen, ob der betreffende Mensch im Liebesleben feinen Takt und zartes Empfinden besitzt oder ob er mehr einem unbeherrschten Sinnenleben unterworfen ist. Ausschlaggebend ist dabei weniger die Stellung der Venus in den Tierkreiszeichen als ihre Verbindung mit den anderen Gestirnen.

Die Venus im Zeichen Widder deutet auf eine starke Leidenschaftlichkeit, mit der sich aber auch eine hohe Auffassung von der Liebe paaren kann. Mitunter wird die Liebe leicht zur Schwärmerei. Die Veranlagung, sich rasch beliebt zu machen ist selten von langer Dauer. Ist aber wirklich eine ideale Gesinnung vorhanden, so wird sie selten vom Partner geteilt.

Eine Frau, in deren Geburtsbild die Venus im Widder im Quadrat zu Jupiter steht, zeichnete sich durch eine hohe Auffassung von der Liebe aus, blieb aber unverstanden und konnte sich in ihrer Ehe nicht durchsetzen. Eine andere Frau mit Venus Konjunktion Merkur im Widder war von hohen Idealen beseelt, wobei auch die religiöse Einstellung viel mitsprach. In einem anderen Falle stand Venus im Widder in Opposition zum Saturn; diese Frau redete zwar viel von idealer Ehegestaltung, trennte sich aber dann von ihrem Mann aus rein materiellen Gründen. Venus im Widder Konjunktion Neptun zeigte eine perverse Veranlagung. Das schließt nicht aus, daß sich bei Venus im Widder auch sehr glückliche Verbindungen ergeben können, wenn die Venus in guten Aspekten steht.

Die Venus im Zeichen Stier weist auf eine starke Anziehungskraft, verbunden mit einer tiefen Liebesempfindung und treuer Anhänglichkeit. Aber die Sicherung der Zukunft und materielle Interessen werden keineswegs außer acht gelassen. Diese Menschen sind auch fähig, für die Erhaltung ihrer Ehe zu kämpfen. Ein Mann, in dessen Kosmogramm die Venus im Stier im Trigon zu Mond und Jupiter steht, konnte erst nach schweren Kämpfen die geliebte Frau ehelichen, die Verbindung blieb auch glücklich. Ein Mann, der eine um 13 Jahre ältere Frau heiratete und eine harmonische Ehe mit ihr führte, hatte in seinem Kosmogramm Venus im Stier Trigon Jupiter. Ein weibliches Geburtsbild mit Venus am MC im Trigon zum Uranus entsprach einer Frau, die bereits mit 17 Jahren heiratete und ihrem Mann im kunstgewerblichen Geschäft eine treue Hilfe war. In einem anderen Fall stand Venus im Stier in Opposition zum Uranus bei einer Frau, die jahrelang ein illegitimes Verhältnis hatte, das aber doch noch zur Ehe führte. Venus in Verbindung mit Uranus führt oft zu frühen oder übereilten Verbindungen.

Die Venus im Zeichen Zwillinge gibt eine leichtere Auffassung von der Liebe. Es wird zwar viel über Ideale geredet, aber es fehlt meist die Kraft, um sie auch zu verwirklichen. Es müssen dann solche Partner gefunden werden, die der eigenen „Schmetterlingsnatur“ einen festen Halt bieten. Sehr oft kommt eine Verbindung durch gleiche Interessen oder berufliche Zusammenarbeit zustande. Krisen ergeben sich häufig durch dritte Personen. Manchmal liegen gleichzeitig mehrere Neigungen vor, so daß es schwer fällt, die richtige Entscheidung zu treffen.

Eine Frau, in deren Geburtsbild Venus im Zeichen Zwillinge im Trigon zum Jupiter stand, war eine sehr gute Haus- und Geschäftsfrau; die Ehe war zuerst glücklich, wurde aber später auf Grund anderer kritischer Konstellationen doch geschieden. Mehrere Ehen beim Stand der Venus in den Zwillingen sind keine Seltenheit, besonders dann, wenn die Venus ungünstig aspektiert ist. Venus Konjunktion Neptun führte in einem Falle zu schweren seelischen Erschütterungen, Venus Opposition Saturn hatte eine Trennung zur Folge und in einem anderen Falle führte Venus Quadrat Saturn noch im Alter zur Scheidung.

Die Venus im Zeichen Krebs deutet auf einen starken Familiensinn und ein reiches Gemüt, da sich hier Venus und Mondzeichen miteinander verbinden, so daß besonders im weiblichen Geburtsbild der Drang nach Ehe und Mutterschaft groß ist. Venus im Krebs ist auch charakteristisch für eine Liebe, die zu Opfern bereit ist, die mehr gibt als sie durch Gegenliebe empfängt. Auf eine harmonische Gestaltung des häuslichen Lebens wird großer Wert gelegt. Der Ehepartner ist oft älter, weil eine besondere Neigung zu einem reifen Mann oder einer erfahrenen Frau vorliegt. Kann der frühzeitige Drang nach Mutterschaft durch eine frühe Ehe nicht befriedigt werden, so ist die Gefahr einer unehelichen Verbindung gegeben. Sehr selten bleibt eine Ehe bei Venus im Krebs kinderlos. Venus Konjunktion Jupiter entsprach bei einem Mann nach einer kurzen ungünstigen Bindung einer sehr glücklichen und kinderreichen Ehe.

Treten ungünstige Aspekte zur Venus auf, so ergeben sich oft Trennungen, die darin ihre Ursache haben, daß der Ehepartner nicht häuslich veranlagt ist und andere Verbindungen sucht. In einem Fall war der Mann Seeoffizier, wobei die langen Trennungen mit ein Grund zur Trennung waren, weil eine Frau mit Venus im Krebs den Gatten nicht gern lange entbehrt. In einem anderen Falle war der Mann Trinker. (Krebs gilt als wässriges Zeichen!)

Die Venus im Zeichen Löwe gibt ein sehr liebebedürftiges und weites Herz, das sehr leicht Gegenliebe findet, aber nicht immer eine tiefe Neigung und beständige Treue zeigt. Der Drang nach Geselligkeit, Vergnügungen und Abwechslung bringt die Gefahr mit sich, daß das Herz auch einmal an einer falschen Stelle „Feuer fängt". Wenn der Partner dann zu Eifersucht neigt, so ist hierfür wirklich Grund vorhanden. Im allgemeinen läßt aber Venus im Löwen eine anständige Gesinnung vermuten, die aber mitunter durch unangenehme Erfahrungen getrübt werden kann. Unglückliche Ehen ergaben sich bei Venus im Löwen meist nur dann, wenn eine ungünstige Aspektierung vorlag, und auch andere Konstellationen auf eine Ehekrise hinwiesen. Eitelkeit und Geltungsbedürfnis lassen stets das Verlangen nach guter Kleidung und einem schön ausgestatteten Heim aufkommen.

Die Venus im Zeichen Jungfrau läßt in Liebesangelegenheiten den Verstand viel mitsprechen, macht in der Liebe wählerisch und läßt dadurch schwer den Entschluß zur Ehe fassen, sofern auch verzögernde Konstellationen mitsprechen. Über Liebesprobleme wird viel nachgedacht und gegrübelt. Enttäuschungen stellen sich oft dann ein, wenn verstandesmäßige Erwägungen und praktische Gründe über wahre Zuneigung gestellt werden. Das Streben nach Keuschheit und sittlicher Reinheit führt bei schlechter Venusstellung leicht zu Prüderie oder Absonderlichkeiten.

Ein Mann, in dessen Geburtsbild die Venus in Konjunktion mit Merkur, in Opposition zum Saturn und Quadrat zum Mond steht, mied in der Ehe jeden Geschlechtsverkehr, was zu Konflikten mit der Gattin führen mußte, die dadurch erkrankte und hysterisch wurde. Manche Menschen, bei deren Geburt die Venus in Jungfrau stand, zeigen sich sehr „raffiniert“ im Liebesleben, oder neigen zu Perversitäten, wenn gleichzeitig entsprechende Aspekte vorliegen. Mehrfach wurde bei Venus in Jungfrau eine homosexuelle Veranlagung festgestellt, z. B. Venus Quadrat Mond in Zwillinge (8. 10. 1884), Venus Opposition Saturn (17. 10. 1876), Venus Quadrat Neptun (27. 9. 1895), Venus Quadrat Mars (7. 11. 1903).

Die Venus im Zeichen Waage, im „eigenen Zeichen“, macht allgemein sehr sympathisch und anziehend, führt schon zeitig zu Liebesverbindungen, die aber nicht immer von Bestand sind. Es wird viel Gefallen an Vergnügungen und Geselligkeit gefunden, wobei auch meistens die Bekanntschaften gemacht werden, die zur Ehe führen. Wird die rechte Ergänzung für eine Ehe gefunden, so kann diese sehr glücklich werden. Dabei ist vorausgesetzt, daß der Ehegefährte einen festeren Charakter hat, um die Führung in der Ehe zu übernehmen und irgendwelche Extravaganzen in Grenzen zu halten. Der leidenschaftlichen Venus-Waage-Natur sollte ein etwas kühler veranlagter Partner zugesellt sein.

Bei Venus Konjunktion Merkur, Opposition Mars und Quadrat Saturn ergab sich in einem Fall eine sehr sinnliche Veranlagung und eine unbeherrschte Genußsucht, was zu mehreren unehelichen Beziehungen und Liebesskandalen führte. In einem anderen Falle wurde trotz Venus Quadrat Saturn eine sehr glückliche Ehe geführt, weil andere günstige Konstellationen das Gegengewicht boten.

Die Venus im Zeichen Skorpion, das an sich zum Geschlechtsleben eine starke Beziehung aufweist, deutet auf eine sehr leidenschaftliche Natur, die sich nur schwer beherrschen kann. Das Gefühlsleben ist sehr stark, wird aber nicht immer nach außen hin gezeigt. Über den Ehepartner wird eifersüchtig gewacht, daß er in jeder Beziehung treu bleibt.

Wenn diese Menschen von wahrer und tiefer Liebe erfaßt sind, können sie große Opfer bringen, sich sogar selbst aufgeben und ganz in ihrem Du aufgehen. Das Geburtsbild eines Mannes mit Venus im Skorpion ohne weitere Aspekte mit Ausnahme einer Quadratur zum Mondknoten zeigte eine sehr ideale Gesinnung und eine ständige Opferbereitschaft in der Ehe. Als die erste Frau starb, heiratete er zum zweitenmal; auch diese Ehe war harmonisch.

Wird die Venus im Skorpion von anderen Gestirnen ungünstig aspektiert, so ergeben sich leicht Ehekonflikte und Skandale. Eine Frau, die von einem anderen Manne entführt wurde, hatte in ihrem Geburtsbild Venus Opposition Mars mit Neptun und Quadrat Mond. In einem anderen Fall mit ähnlicher Konstellation wurde von einer Frau in der fanatischen Liebe zu einem Manne dessen Ehe zerstört, um ihn dann zu heiraten.

Die Venus im Zeichen Schütze führt leicht zu Liebesschwärmerei, kann aber auch großen Idealismus entfalten lassen. Übereilte Verbindungen haben oft baldige Ernüchterung zur Folge. Zu große Empfindlichkeit und Launenhaftigkeit können im Zusammenleben störend wirken. Da das Leben oft etwas leicht genommen wird, ist es gut, wenn der Ehegefährte einen sehr festen Charakter aufweist. Ohne „sich etwas zu denken" werden mitunter kleine Irrwege beschritten. Optimismus darf nicht zu Leichtsinn und Oberflächlichkeit führen.

Wenn die Venus schlechte Aspekte aufweist, liegt die Möglichkeit nahe, daß mehrere eheliche Bindungen eingegangen werden. Ein Mann, in dessen Geburtsbild Venus im Quadrat zu Mars und Neptun steht, ging im späten Alter noch eine zweite Ehe ein, nachdem er von seiner ersten Frau, die ihm sieben Kinder schenkte, wegen Untreue geschieden war. In einem anderen Fall stand Venus im Schützen in Konjunktion mit Mars; der Mann ließ sich scheiden, nachdem er ein Verhältnis mit seiner Sprechstundenhilfe eingegangen war. Ein Mädchen, das mit Mühe und Not in der Krisenzeit 1945 einer Vergewaltigung entging, hatte im Geburtsbild Venus im Schützen Quadrat Uranus in Fische. Eine andere Frau hat ebenfalls die Venus im Zeichen Schütze, in exakter Opposition zum Neptun. Zwischen beiden steht vom Zeichen Fische aus der Mars im Quadrat, aber bereits außerhalb des Orbis der Halbsumme Venus/Neptun. Diese Frau ist sexuell zurückhaltend und verfügt über eine starke Selbstbeherrschung (Sonne und Merkur im Steinbock, Mond/Krebs, Ascendent/Löwe), hat aber fünf lebende

Kinder geboren, führt ein normales Eheleben und hat hohe edle Ansichten betreffs Moral, Liebe und Ehe. Sie lebt auch danach — aber ihren Mann verfolgte sie von Jugend an mit einer geradezu krankhaften Eifersucht, was sich erst jetzt legte, nachdem beide die Schwelle des Alters erreicht haben. Im Kosmogramm eines Bordellbesitzers und Sexualverbrechers stand die Venus in Opposition zum Neptun. Doch lagen hier auch noch andere Konstellationen vor, die auf eine verbrecherische Anlage schließen ließen, so daß man aus einer einzigen Konstellation niemals voreilige Schlüsse ziehen sollte.

Die Venus im Zeichen Steinbock braucht im „Saturnzeichen" keineswegs immer eine kühle Veranlagung zu geben, wie man glauben sollte. Die Liebe wird meist sehr ernst genommen. Treten einmal auch nur kleine Enttäuschungen auf, so entwickeln sich Mißtrauen und Eifersucht. In manchen Fällen werden Pflicht und Treue über die Liebe gestellt und Verbindungen aufrechterhalten, selbst wenn eine gewisse Abkühlung eingetreten ist. Oftmals liegt eine Zuneigung zu einem bedeutend älteren Ehepartner vor. Manche Menschen mit dieser Venusstellung können eine sehr tiefe Neigung offenbaren, können aber ihrer Liebe nur schwer Ausdruck verleihen, weil sie allen Äußerlichkeiten abhold sind, weil innere Hemmungen vorliegen. Diese Menschen können nicht schwärmen, aber sie können treu sein. Kinderreichtum ist bei dieser Venusstellung selten. Von vorliegenden Fällen sind nur ganz selten mehr als zwei Kinder gezeugt worden. Oftmals spielen hierbei auch berufliche Gründe mit. Venus im Steinbock ist mehrfach bei berufstätigen Frauen festgestellt worden.

Wenn Menschen aus einem niederen Milieu stammen, erblich belastet sind oder starke Hemmungen aufweisen, ergeben sich leicht Irrwege der Liebe. Ein Pfarrer (9. 12. 1899), in dessen Geburtsbild Venus im Steinbock steht, und Saturn und Neptun in Opposition sich in der Halbsumme Sonne/Venus befinden, war homosexuell veranlagt. Bei einem anderen homosexuell veranlagten Geistlichen stand die Venus im Steinbock im Quadrat zur Halbsumme Mond/Saturn (6. 2. 1888).

Die Venus im Zeichen Wassermann deutet allgemein eine Ehe an, die auf Idealen aufgebaut ist, in besonderen Fällen sogar mit der Absicht, einen „Übermenschen" zu zeugen. Fast immer liegt eine besondere Auffassung von Liebe und Ehe vor. Kann eine Ehe nicht aufrecht erhalten werden, so können diese Menschen auch auseinandergehen, ohne sich böse zu sein. An die Stelle der individuellen Liebe tritt dann oft die universelle Menschenliebe. Weltanschauliche und religiöse Probleme spielen oft eine Rolle. Manche Menschen mit Venus im Wassermann verzichten auch auf eine Ehe, um ganz und gar in einem sozialen Beruf aufzugehen. In irgendeiner Weise möchte sich die Liebe auch geistig ausleben. Bei guter Aspektierung der Venus ist Verfasser nur ein Fall bekannt geworden, wo die Ehe geschieden wurde. Eine Frau brachte es sogar fertig, mit einem stark verschuldeten Mann eine Ehe einzugehen, um ihm wieder zum Aufstieg zu verhelfen.

Die Venus im Zeichen Fische gibt wohl ein tiefes Gefühl und eine starke Zuneigung, doch muß diese erst angeregt und geweckt werden. Bei dieser Venusstellung ergeben sich oft ganz eigenartige Schicksale in der Liebe, die zwischen seelischer Vereinsamung und universeller Liebestätigkeit liegen. Die Sehnsucht nach Liebe ist immer groß, die Erfüllung nicht immer gegeben. Bei zu großer Vertrauensseligkeit unterliegen diese Menschen oft anderen, lassen sich ausnutzen und werden enttäuscht. Schlechte Gesellschaft sollte immer gemieden werden, um auch der kleinsten Entgleisung zu entgehen.

Eine Frau, in deren Geburtsbild die Venus in den Fischen in Konjunktion mit Sonne und im Quadrat zu Uranus und Saturn steht, erlebte einen Sittlichkeitsüberfall, mußte mehrere Fehlgeburten durchmachen und sich viel in Sanatorien und Kliniken aufhalten. (Fische, das Zeichen der Vereinsamung, der abgeschlossenen Gebäude!) Ein Mann, in dessen Kosmogramm Venus in den Fischen in Opposition zu Mars stand, unterhielt heimliche Liebesbeziehungen. Venus Quadrat Saturn fand sich im Geburtsbild eines Mannes, dessen Frau ertrank (Fische = wässriges Zeichen!). Eine Frau, die längere Zeit in freier Liebe mit einem Mann zusammenlebte, hatte in ihrer Geburtsfigur die Venus in den Fischen ohne besondere Aspekte.

Wenn die Venus gut aspektiert ist und sich sonst keine Anzeichen für eine schlechte Ehe vorfinden, kann bei Venus in den Fischen ein sehr gutes Verhältnis zum Ehepartner bestehen. Das erlebte ein Mann, dessen Geburtsfigur Venus im Trigon zum Mond zeigt. Eine Frau mit Sonne Konjunktion Venus im Kosmogramm widmete sich neben ihrer harmonischen Ehe auch der sozialen Liebestätigkeit und entsprach damit durchaus der kosmischen Veranlagung.

ist der Planet des Willens wie auch der Zeugungskraft und des Trieblebens. Er wird uns daher zu sagen haben, wie stark der eigene Wille über den des Liebespartners Einfluß gewinnen oder von ihm abhängig werden kann, in welchem Maße Widerstandskraft oder Nachgiebigkeit, Führungsanspruch oder Anpassung gegeben sind. Auch hier ist zu berücksichtigen, daß die Stellung des Mars in den Tierkreiszeichen nicht allein ausschlaggebend ist, sondern die Aspekte zu den Gestirnen eine ebenso starke Rolle spielen. Mars Trigon Jupiter wird einer hamonischen Willensäußerung entsprechen, Mars Qadrat Saturn oder Uranus verleitet zu Gewalttätigkeiten, Mars in günstigen Aspekten zur Venus gestaltet ein harmonisches Triebleben, während schlechte Aspekte zur Venus leicht zu Übersteigerung oder anormaler Veranlagung führen.

Der Mars im Zeichen Widder weist auf einen sehr starken Willen hin, der vom Ehepartner Unterordnung verlangt. Alle Ziele werden mit eiserner Energie verfolgt, sodaß dem Partner nichts übrig bleibt, als im gleichen Schritt mitzugehen, wenn Konflikte vermieden werden sollen. Das impulsive Wesen verlangt vom Gatten Verstehen und Diplomatie. Im Triebleben werden stets die eigenen Wünsche maßgebend sein. Das Triebverlangen ist zeitweilig sehr stark, kann aber ebenso rasch erkalten, wenn der Betreffende zu stark mit anderen Zielen beschäftigt ist. Oftmals wird nicht aus Liebe sondern um der Erfüllung bestimmter Ziele willen geheiratet. Ein Mann, in dessen Geburtsbild Mars im Trigon zu Saturn stand, heiratete eine um 13 Jahre ältere Frau, weil er glaubte, diese für seine Ziele ausnutzen zu können. Ein Mädchen setzte es durch, einen um 18 Jahre älteren Mann zu heiraten, erlebte an ihm aber eine große Enttäuschung, denn Mars stand im Kosmogramm im Quadrat zu Neptun. Ein Mann mit Mars Konjunktion Venus im Widder zeigte ein übermäßiges Triebleben, heiratete zweimal und wurde zweimal geschieden.

Der Mars im Zeichen Stier gibt zwar nicht den impulsiven Willen wie im Widder, dafür aber mehr Festigkeit, Unbeugsamkeit, Eigensinn und Trotz. Mit Ausdauer und Geduld wird an einmal gestellten Zielen festgehalten, wobei auch das Streben nach materiellem Erfog eine große Rolle spielt. Diese Marsstellung findet man häufig bei Unternehmern, die durch praktische Veranlagung und Fleiß sich durchzusetzen wissen. Frauen mit Mars im Stier können sehr praktisch veranlagte Hausmütter sein. Da Skorpion das

Gegenzeichen von Stier ist, außerdem Stier von der Venus „beherrscht" wird, ist das Triebleben meist ziemlich stark, ergeben sich auch häufig Krankheiten, die mit den Geschlechtsorganen in Verbindung stehen. Ein junger Mann mit Mars im Stier in Opposition zu Mond und Uranus litt stark unter Onanie. Frauen neigen leicht zu Unterleibsleiden, wenn der Mars ungünstig aspektiert ist. Oftmals treten zeitweilig starke Blutungen auf. Bei Operationen an bestimmten Organen ist besondere Vorsicht geboten. Ein Kind, das eine Operation an den Sexualorganen durchmachen mußte, ist fast verblutet.

Da der Mars im Stier oft auf eine einseitige oder dogmatische Lebensauffassung hinweist, sollten bei einer Eheschließung keine größeren Unterschiede in religiöser Beziehung vorliegen, um Konflikte auf diesem Gebiet zu vermeiden.

Der Mars im Zeichen Zwillinge weist auf eine größere Anpassungsfähigkeit und Biegsamkeit, so daß es keineswegs schadet, wenn der Ehepartner über eine größere Energie verfügt. Da der Wille vornehmlich intellektuell und weniger gefühlsmäßig gesteuert wird, liegt meist eine Veranlagung zu voreiliger Kritik, Necksucht und vielleicht auch Streitsucht vor. Der Ehepartner muß daher möglichst „ein dickes Fell" haben, um sich nicht leicht aus der Ruhe bringen zu lassen. Ebenso muß die Neigung zu Zersplitterung und Oberflächlichkeit durch den Partner unterbunden werden, da mitunter auch Liebe und Treue nicht so ernst genommen werden. Es liegen einige Beispiele vor mit Mars in Zwillinge Trigon Mond und Mars Trigon Sonne, die einer sehr freien Liebesauffassung entsprachen. Bei Mars in Zwillinge wird es von besonderer Bedeutung sein, wie die Beziehungen zum Partnerkosmogramm sind, ob hier ausgleichende Aspekte vorliegen etwa durch Jupiter oder kritische Aspekte zu Saturn oder Uranus.

Der Mars im Zeichen Krebs kann den Willen in Abhängigkeit vom Gefühlsleben bringen. Stimmungsschwankungen sind sehr häufig und können leicht zu Disharmonie Anlaß geben. Bei schlechter Aspektierung ergibt sich oft häuslicher Unfriede. Trotzdem liegt das Bestreben vor, die Ehe zu erhalten, selbst wenn größere Differenzen vorliegen, besonders dann, wenn aus der Ehe Kinder hervorgegangen sind. Im „Mondzeichen" Krebs bedingt der Mars oft ein instinktives Handeln auf Grund unbewußter Regungen, für die verstandesmäßig keine Erklärung abgegeben werden kann. Frauen mit Mars im Krebs sind fast immer sehr häuslich und sehr um das

Wohl der Familie besorgt. Wenn eine Ehe in die Brüche geht, so liegt es selten an dem Teil, in dessen Geburtsfigur Mars im Krebs steht. Eine Frau mit Mars im Krebs hatte einen schweren Kampf führen müssen, um sich die Liebe des Mannes zu erhalten, und es ist ihr gelungen. In einem Fall stand der Mars in Konjunktion mit Mond und Quadrat Saturn, trotzdem war die Ehe harmonisch, nur der Mann war — nervenleidend. Ein Mann, der sogar Mars im Quadrat zum Uranus in seinem Kosmogramm zeigt, bekennt sich zu einer glücklichen Ehe.

Der Mars im Zeichen Löwe verleiht einen starken Willen und damit auch den Anspruch auf Führung in der Ehe. Durch Großzügigkeit in jeder Beziehung ist aber ein gutes Zusammenleben möglich, wenn auch vom anderen Teil etwas Anpassung verlangt wird. Ist der Mars gut aspektiert, so ist meist ein starkes Verantwortungsgefühl vorhanden, so daß das Vertrauen anderer selten getäuscht wird. Bei allen Handlungen spricht das Herz (Löwe) mit, allerdings nicht nur für die Familie sondern auch für andere Personen, was oft von dem Ehegefährten falsch verstanden wird. Bei schlechter Aspektierung des Mars im Löwen können Herrschsucht oder ungezügelte Leidenschaft zu Fehltritten führen. Allgemein kann gesagt werden, daß Menschen mit Mars im Löwen viel von anderen verlangen aber auch viel geben.

Der Mars im Zeichen Jungfrau deutet auf bewußte Lenkung der Energie, Konzentration auf Kleinarbeit und kritische Einstellung, ohne das Gefühl im stärkeren Maße mitsprechen zu lassen. Das Ziel ist immer auf das Praktische und Zweckmäßige gerichtet, Entscheidungen werden infolge einer zu scharfen Kritik schwer gefällt. Diese Punkte treffen nun zum Teil auch auf das Liebesleben und die Ehe zu. Auch hier wird das Zweckmäßige und Nützliche bei der Gattenwahl stark berücksichtigt. Unter dieser Einstellung leiden oft die empfindsamen und gefühlsbetonten Ehegefährten, die sich etwas vernachlässigt fühlen. Starke berufliche Beanspruchung bringt es mit sich, daß die Menschen mit Mars in der Jungfrau zu Hause leicht nervös und gereizt sind. (Die Empfindlichkeit und Gereiztheit kann ihre Ursache teilweise in Verdauungsstörungen haben.) Der Beruf bringt oft vorübergehende Trennungen mit sich. Ein Mann, der sehr glücklich mit seiner Frau lebte, mußte oft ins Ausland reisen, bei ihm stand Mars in Jungfrau Trigon Mond. In einem anderen Fall stand Mars in Konjunktion mit Venus; die Ehe war sehr kinderreich, der Mann mußte aber aus beruflichen Gründen oft der Familie fern sein.

Der Mars im Zeichen Waage entspricht einem starken Liebesbedürfnis, läßt die Herzen anderer leicht erobern, aber nicht immer auch die Treue halten. Es sind aber viele Fälle bekannt, wo wirklich eine tiefe Zuneigung erhalten blieb, wenn der richtige Partner gefunden wurde. Ein Mann, in dessen Geburtsbild Mars in der Waage steht, bekennt, daß seine Ehe mit einer Künstlerin sehr harmonisch verlaufen ist. Die Marsstellung ist besonders gut für eine berufliche Zusammenarbeit. Gefahren liegen aber dann vor, wenn der Beruf eine Zusammenarbeit mit Frauen verlangt, während die Gattin zu Hause sein muß, oder wenn umgekehrt die Frau beruflich mit vielen Männern zusammenkommt. Eine Frau, in deren Kosmogramm der Mars in der Waage im Quadrat zur Sonne steht, eroberte sich das Herz ihres verheirateten Vorgesetzten, worunter die Ehe selbstverständlich leiden mußte. Es ist jedenfalls ratsam, wenn die Menschen mit Mars in der Waage sich keineswegs auf irgendwelche „Experimente“ in der Liebe einlassen.

Der Mars im Zeichen Skorpion deutet nicht nur auf starken Energieeinsatz und zielbewußte Tätigkeit sondern auch auf stärkere Triebhaftigkeit. Die „unverwüstliche Natur“ verlangt vom Ehegefährten sehr viel Anpassung. Auf einen gesunden und zeugungswilligen Partner sollte sehr viel Wert gelegt werden. Ebenso wie bei Mars im Stier ist die Gefahr von Unterleibskrankheiten gegeben. Es ist sehr gut, wenn der Beruf sehr viel Energie verlangt oder aber der Marsnatur irgendwie entspricht. So wurde diese Marsstellung beispielsweise im Geburtsbild einer Hebamme festgestellt, die zwar selbst ehelos blieb, aber sehr vielen Frauen bei der Geburt behilflich war. Wenn der Mars schlecht aspektiert ist und keine guten Beziehungen zum Kosmogramm des Ehegefährten aufweist, können häufig Gewalttätigkeiten und Streitigkeiten auftreten.

Der Mars im Zeichen Schütze läßt mit Begeisterung für eine ideale Ehe eintreten, doch ist die eigene Kraft nicht so groß, um die Ziele allein zu verwirklichen. Es ist daher notwendig, daß der Partner über noch größere Festigkeit und Beständigkeit verfügt. Mitunter werden Ehen ohne gründliche Überlegung geschlossen und bald wieder getrennt. Oftmals werden mehrere Ehen eingegangen, die aber keineswegs unglücklich zu sein brauchen. Ehelosigkeit wurde bei dieser Marsstellung nur selten gefunden.

Der Mars im Zeichen Steinbock gibt einen starken, ausdauernden und zähen Willen, so daß der Ehepartner anpassungsfähig und schmiegsam oder auch diplomatisch sein muß, um eine ständige

Harmonie zu gewährleisten. Im Triebleben kann sehr viel Selbstbeherrschung aufgebracht werden, doch sind diese Naturen keineswegs so kalt, als sie äußerlich scheinen. Es gibt aber Zeiten wo der Beruf oder irgendwelche besonderen Ziele den Menschen so sehr in Anspruch nehmen, daß sich der Partner benachteiligt oder vernachlässigt fühlt, weil in ihm mehr der Kamerad oder Mitarbeiter als das andersgeschlechtliche Wesen gesehen wird. Frauen mit dieser Marsstellung wollen nicht nur Hausmutter spielen sondern auch an der Tätigkeit des Mannes Anteil nehmen oder mitarbeiten. Stimmen die Ziele der Ehegatten nicht überein oder ergeben sich Entfremdungen, dann wird eine rasche Entscheidung gefordert.

Der Mars im Zeichen Wassermann gibt oft mehr Ziele und Wünsche als verwirklicht werden können. Der Drang nach neuen Anregungen, Abwechslung und Umstellung verlangt vom Ehepartner ein ständiges Mitgehen mit den eigenen Zielen. Eheliche Bindungen werden mehr als Kameradschaft oder Arbeitsgemeinschaft aufgefaßt, um beiden Teilen eine gewisse Selbständigkeit zu gewährleisten. Über alte Gewohnheiten und übliche Einrichtungen setzt man sich gern hinweg, weil man eben einen anderen Weg gehen möchte.

Ist der Mars gut aspektiert, so kann sich eine harmonische Ehe entwickeln. Das traf bei einer Frau zu, in deren Geburtsbild Mars im Trigon zu Jupiter stand. In manchen Fällen ließ zwar die Ehe nichts zu wünschen übrig, aber die Menschen litten darunter, wenn sie ihre anderen Ziele nicht erreichen konnten. Eine Frau mit Mars Quadrat Venus und Neptun äußerte sich, daß sie als Mensch, Weib und Künstlerin vollkommen unbefriedigt geblieben ist, wobei wohl die ungünstige Neptunstellung den Ausschlag gegeben haben muß. Eine Frau, in deren Geburtsbild Mars im Wassermann in Opposition zum Uranus steht, heiratete einen Ausländer, war viel auf Reisen, blieb aber nicht treu, weil ihre exzentrischen Wünsche in der Ehe nicht befriedigt werden konnten.

Der Mars im Zeichen Fische läßt keine sehr starke Willenskraft in diesem negativen Zeichen aufbringen und läßt die Energie oft dort einsetzen, wo sie von anderen am wenigsten bemerkt wird. Die eigene Anpassungsfähigkeit verlangt daher einen Ehepartner, der die Führung in der Familie übernimmt. Oft zeigt sich ein Hang zur Einsamkeit, oftmals auch zu heimlichen Verbindungen. Ein Mann, in dessen Geburtsbild Mars im Trigon zum Mond steht, war sehr glücklich verheiratet; die Gattin starb sehr früh, er heiratete aber nicht mehr sondern blieb für sich allein. Eine Frau, in deren Kosmogramm Mars in Opposition zu Mond und Quadrat zur Sonne steht, unterhielt viele Jahre ein Verhältnis mit einem verheirateten Mann, das sie aber löste und sich mit 34 Jahren doch noch verheiratete. — In manchen Fällen wurde festgestellt, daß Menschen mit Mars in den Fischen unter Gewalttätigkeiten oder Mißhandlungen des Ehepartners zu leiden hatten.

Die Planeten Jupiter, Saturn, Uranus, Neptun und Pluto

im Geburtsbild nehmen nicht so stark auf den einzelnen Menschen Bezug als vielmehr auf ganze Jahrgänge oder Generationen. Denn Jupiter steht durchschnittlich ein Jahr in einem Zeichen, Saturn reichlich 2 Jahre, Uranus 7 Jahre, Neptun 15 Jahre und Pluto fast 30 Jahre. Es kommt daher in diesen Fällen viel mehr auf die gegenseitigen Aspekte an als auf die Stellung in den einzelnen Zeichen.

Der Jupiter ist nicht nur der Planet des Glückes, sondern auch der Harmonie, der Gesetzmäßigkeit, der Religion. Nach älteren Lehrbüchern ist der Jupiter auch der Planet der legitimen Ehe. Es erscheint aber doch etwas zweifelhaft, gerade aus günstigen oder ungünstigen Jupiteraspekten auf die Legitimität der Ehe schließen zu wollen, ebenso wie man aus einem Geburtsbild nicht ersehen kann, ob ein Kind ehelich oder unehelich geboren wurde.

Der Saturn ist der Planet der Hemmung und der Trennung. Im einzelnen Geburtsbild deutet er daher an, ob ein Mensch innere Hemmungen zu überwinden hat, ob er schwer mit anderen in Kontakt kommt, ob Mangel an Anpassung leicht zu Trennungen führen kann oder ob es einem Menschen gegeben ist, leicht und offen mit anderen in Verbindung zu kommen.

Der Uranus gilt als Planet der Plötzlichkeit, der Umwälzung, der Wandlung und des Rhythmus. Ist er im Geburtsbild stark gestellt, so ergeben sich im Leben mehrfach plötzliche Umstellungen; wird der gleichmäßige Lebensablauf gestört, ergeben sich Wandlungen im Charakter, in der Lebensanschauung und in der Lebensweise. Auch die Heirat kann eine völlige Lebensumstellung bedeuten, wie auch die Trennung einer Ehe.

Der Neptun bezieht sich vornehmlich auf die unbewußten Kräfte im Menschen, die Empfänglichkeit, die Beeinflußbarkeit und das Vorstellungsleben. Bei guten Aspekten lassen sich die Menschen im günstigen Sinne beeinflussen, haben sie klare Vorstellungen,

Wünsche und Pläne; bei ungünstigen Planetenverbindungen ergeben sich Unklarheit, Verworrenheit, abwegige Vorstellungen und Neigungen.

Der Pluto ist nach ca. 20 Jahren seit seiner Entdeckung noch nicht restlos erforscht. Doch kann man annehmen, daß er insbesondere das Kollektivbewußtsein betrifft, daß seine Stellung im Geburtsbild oftmals ein ungewöhnliches Verhältnis zu anderen Personen in Erscheinung treten läßt und daß das Massenerlebnis der jeweiligen Generation dabei eine große Rolle spielt, daß oftmals Erlebnisse mitsprechen, die dem Willen des einzelnen Menschen entzogen sind. Zu solchen Massenerlebnissen gehörten z. B. der letzte Krieg, die Massenumsiedlung und deren Folgeerscheinungen. Es kommt selbstverständlich auch viel darauf an, wie sich der Einzelne in solchen Zeiten verhält, wie weit er sich in seinem Denken und Handeln beeinflussen und beeindrucken läßt.

Der Mondknoten, der die Verknüpfung der Sonnen- und Mondbahn darstellt, hat auch im Menschenleben für die Beziehungen unter den Menschen größte Bedeutung, einmal für die Blutsverbindungen zur eigenen Familie wie auch das eheliche Verhältnis. Eine gute Stellung des Aufsteigenden Mondknoten (der Absteigende liegt jeweils im Tierkreis genau gegenüber) deutet auf Anpassung, Kameradschaftlichkeit, Streben nach Verbindungen; eine ungünstige Aspektierung dagegen führt zu Mangel an Anpassung, Schwierigkeiten in Verbindungen oder auch Trennungen.

III

Bedeutsame Aspekte für Liebe und Ehe

In dieser Abhandlung wurde bereits mehrfach darauf hingewiesen, daß nicht allein die Stellung der Gestirne in den Zeichen, sondern vielmehr ihre Winkelbeziehungen untereinander von ausschlaggebender Bedeutung sind. An sich können selbstverständlich alle Aspekte in irgendeiner Weise auf Liebe und Ehe bezogen werden, aber einige treten hierbei besonders hervor.

Sonne und Mond verkörpern Mann und Frau. Im Sextil oder Trigon zueinander und ohne schädigende Aspekte durch andere Gestirne begünstigen sie das Verhältnis der Gatten zueinander. Bei Oppositionen können innere Spannungen vorliegen mit Neigung zu zeitweiliger Erregbarkeit, ohne daß aber das Liebesleben dadurch ungünstig verlaufen muß. Ebenso brauchen sich Quadrate zwischen Sonne und Mond nicht so kritisch auswirken, wie sie mitunter dargestellt werden. Doch sollten in diesem Falle wenigstens Mars und Venus eine gute Verbindung haben.

Sonne und Venus sind bedeutsam für die körperliche Liebe. Konjunktion, Sextil und Trigon sind als besonders günstig anzusehen, aber selbst Halbquadrate, Quadrate und Oppositionen geben eine körperliche Anziehung, obwohl Ehekrisen sehr wahrscheinlich sind, wenn Saturn, Uranus, Neptun oder Pluto die Quadrate durch Transite oder Direktionen berühren.

Sonne und Mars geben in allen Aspekten Durchsetzungskraft. Bei harmonischen Aspekten wird gern die Führung in der Ehe übernommen und diese auch anerkannt. Bei Konjunktion, Quadrat, Opposition liegt immer die Gefahr vor, daß sich durch zu starken Führungsanspruch Konflikte und Streitigkeiten ergeben.

Sonne und Jupiter geben nicht nur Anerkennung und Erfolg bei günstigen Aspekten, sondern auch gute Gesundheit und sittliche Qualitäten, die für eine harmonische Ehe unbedingt erforderlich sind. Im weiblichen Geburtsbild kann dadurch eine soziale Besserstellung durch die Heirat erreicht werden. Quadrate und Oppositionen sind nicht direkt ungünstig, lassen aber erhöhte Ansprüche und unnötigen Aufwand erkennen.

Sonne und Saturn geben in harmonischer Verbindung (Sextil, Trigon) Festigkeit, Beharrlichkeit, Stetigkeit. Bei Konjunktion, Quadrat, Opposition sind meist innere Hemmungen vorhanden, die eine Kontaktaufnahme an sich erschweren und leicht den Grund zu Entfremdung oder Trennung legen können. Die Gesundheit ist in irgendeiner Weise geschwächt. Im weiblichen Kosmogramm sind Schwierigkeiten mit dem Gatten angedeutet.

Sonne und Uranus im Sextil oder Trigon geben ein originelles Wesen, das im Zusammenleben immer anregend wirkt. Konjunktion, Quadrat, Opposition dagegen deuten auf Eigensinn, Ungeduld, widerspruchsvolles Verhalten und geben leicht zu gegenseitiger Aufregung Anlaß.

Sonne und Neptun deuten in günstigen Aspekten auf ein gutes Vorstellungsvermögen, eine ideelle Gesinnung und Begeisterung. Bei Konjunktion, Quadrat, Opposition kann einmal auf eine geschwächte Gesundheit und andererseits auf die Gefahr von Enttäuschungen geschlossen werden auf Grund falscher Vorstellungen. Im weiblichen Geburtsbild kann eine ungünstige Stellung auf Enttäuschung durch den Gatten hinweisen.

Sonne und Pluto in günstiger Verbindung lassen auf Durchsetzungskraft und Führungsanspruch schließen. Bei kritischen Aspekten wurde bei Frauen häufig Trennung durch höhere Gewalt festgestellt, z. B. Trennung oder frühzeitiger Tod durch Krieg, Unfall, Haft usw.

Sonne und Mondknoten nehmen Bezug auf geistige, körperliche oder verwandtschaftliche Beziehungen.

Sonne und Ascendent bezeichnen je nach der Aspektierung die harmonische oder disharmonische Stellungnahme zu anderen Menschen.

Sonne und MC kennzeichnen die individuellen Beziehungen, die auch mit dem Lebensziel in Verbindung stehen.

Mond und Venus sind Gestirne der Hingabe und des Liebesempfindens, so daß ihre harmonischen Winkel auf ein tiefes und liebevolles Verhältnis hinweisen, während die kritische Stellung dieser beiden Faktoren Launenhaftigkeit, Reizbarkeit, Konflikte andeuten kann.

Mond und Mars bezeichnen den gefühlsbetonten Willen, insbesondere die unbewußt „gesteuerten" Handlungen, wahrscheinlich auch die mehr instinktartige Sympathie, die einem anderen Menschen gegenüber empfunden wird. Stehen Mond und Mars ungünstig, so besteht Neigung zu Impulsivität, Steigerung der Erregungen in Affekte, wodurch wieder Disharmonie und Streit hervorgerufen werden können. Günstige Winkelbeziehungen bezeichnen ein harmonisches Verhältnis des Mannes zur Frau, ungünstige Winkel führen häufig zu Aufregung und Streit.

Mond und Jupiter deuten im günstigen Sinne auf Beliebtheit, auf die glückliche (Jupiter) Frau (Mond) oder auch die beglückende Frau, während kritische Aspekte auf Gleichgültigkeit, Nachlässigkeit, Extravaganzen hinweisen. Es fällt schwer, das Geld richtig einzuteilen, woraus sich Konflikte ergeben.

Mond und Saturn führen in ungünstigen Verbindungen zu inneren Hemmungen, Mangel an Anpassung, Kontaktschwierigkeiten, Störungen im Verhältnis zu Mutter oder Gattin und können auch die Gefahr einer Trennung mit sich bringen. Im weiblichen Geburtsbild können sich damit gesundheitliche Störungen verbinden.

Mond und Uranus wirken in günstigen Aspekten anregend, in ungünstigen Winkeln führen sie zu starken inneren Spannungen, Neigung zu Aufregung und Affekten, Eigenwilligkeit und Verbohrtheit.

Mond und Neptun deuten in Sextil oder Trigon auf ein sehr feines Empfinden, in Konjunktion, Quadrat, Opposition auf falsches oder irregeleitetes Empfinden, Einbildungen, Selbsttäuschungen, Haltlosigkeit oder auch Verlogenheit, so daß diese Charakterschwächen leicht zur Störung einer Verbindung führen können.

Mond und Pluto führen leicht zu einseitig gesteigerten Empfindungen, im günstigen Sinne zu besonderer Feinfühligkeit und psychometrischer Begabung, in ungünstiger Hinsicht zu zeitweiligen Gefühlsausbrüchen aus gleichbleibenden Ursachen, z. B. aus Eifersucht, gekränkter Eitelkeit.

Mond und Mondknoten nehmen Bezug auf gefühlsbetonte Verbindungen und seelischen Kontakt.

Mond und Ascendent kennzeichnen das persönliche Verhältnis zu anderen Personen, namentlich zu Frauen.

Mond und MC in Konjunktion, Sextil, Trigon deutet auf ein tiefes Gemüt und reiches Seelenleben, während Quadrate eine etwas schwankende Haltung anzeigen und Oppositionen das Lebensziel aus dem Unbewußten beeinflussen lassen.

Merkur und Venus fördern in harmonischen Verbindungen die Kontaktnahme, die Entstehung der Liebes(Venus)-Gedanken (Merkur).

Merkur und Mondknoten begünstigen in harmonischen Winkeln das gemeinsame Interesse, den Gedankenaustausch.

Venus und Mars müssen in Bezug auf Liebe und Ehe ganz besonders beachtet werden, denn sie bezeichnen den Liebes(Venus)-Trieb (Mars), die gegenseitige Anziehung, die Sympathie und schließlich auch die körperliche Verbindung mit dem Zweck der Zeugung. Weisen Venus und Mars gar keine Winkel- oder Halbsummenverbindung auf, so kann man einen Mangel der Triebhaftigkeit oder Störungen in dieser Hinsicht annehmen. Eine ungünstige Winkelverbindung ist immer besser als gar keine. Die Konjunktion bezeichnet eine sehr starke Sinnennatur, der auch oft zartes Empfinden und Takt fehlt. Bei Quadrat und Opposition ist auf ein starkes Triebleben zu schließen mit der Gefahr zeitweiliger Übersteigerung oder Irreleitung. Sextil und Trigon lassen die Triebhaftigkeit in harmonischer Weise äußern, deuten auch auf Gestaltungskräfte in irgendeiner Kunstrichtung.

Stehen Venus und Mars günstig, aber Sonne und Mond ungünstig, so können sich wohl triebhafte Verbindungen ergeben, die nur vorübergehender Natur sind.

Venus und Jupiter sind die Faktoren für Liebes(Venus)-Glück (Jupiter). Wer diese beiden Gestirne im Geburtsbild harmonisch verbunden hat, wird mit dem anderen Geschlecht leicht in Kontakt kommen, sich beliebt machen und in der Ehe glücklich sein, sofern nicht andere starke Konstellationen dagegen sprechen. Venus in Quadrat oder Opposition zu Jupiter vermindert die Anziehungskraft keineswegs, führt aber leicht zu einem unkorrekten Verhalten und geringer Beständigkeit in Liebesbeziehungen.

Venus und Saturn in günstiger Verbindung deuten auf beständige Liebe und Treue, in Konjunktion, Quadrat oder Opposition aber auf Liebesleid, geringe Kontaktfähigkeit oder vorübergehende Entfremdungen. In besonders kritischen Aspekten gleichzeitig durch andere Gestirne (Uranus, Neptun, Pluto, Mars) ist mit Treulosigkeit (auch käuflicher Liebe), Entsagung, Vereinsamung, evtl. auch Kinderlosigkeit zu rechnen. Die Ursachen hierfür können auch durch gesundheitliche Störungen, Hemmungen der inneren Sekretion usw. bedingt sein, besonders bei Betonung der Tierkreiszeichen Stier und Skorpion.

Venus und Uranus deuten in ihrer Verbindung auf Liebesregungen, die ganz plötzlich auftreten, zu einer „Liebe auf den ersten Blick" führen, aber selten Dauerverbindungen zur Folge haben.

Diese Menschen können sehr rasch entflammt sein, lassen sich mitunter überraschend in ein Liebesabenteuer ein, das auch schnell wieder ein Ende findet. Die kritische Auswirkung kann besonders durch Konjunktion, Quadrat, Opposition gegeben sein.

Venus und Neptun lassen in günstigen Aspekten auf ideelle Liebe oder auch Liebesschwärmerei; in Konjunktion, Quadrat, Opposition dagegen oft auf Geschmacklosigkeit, Haltlosigkeit, falsche Liebesempfindungen, Eifersucht, Liebesverirrung oder Enttäuschung schließen.

Venus und Pluto weisen auf gesteigerte Liebesgefühle, in Konjunktion, Quadrat, Opposition auf ein extremes Gefühlsleben.

Venus und Mondknoten geben in guten Verbindungen Anpassung, Entgegenkommen, Herzlichkeit.

Venus und Ascendent sind in günstigen Winkeln bezeichnend für eine harmonische Einstellung zum anderen Geschlecht.

Venus und MC lassen auf eine tiefe individuelle Liebe schließen, wenn sie in Konjunktion, Sextil oder Trigon stehen.

Mars und Jupiter bezeichnen in guter Verbindung nicht nur erfolgreiches (Jupiter) Schaffen (Mars), sondern auch glückliche Entscheidungen und glückliche Ehe mit dem Bestreben, auch die Führung in der Ehe zu übernehmen. Zur Zeit der Eheschließung selbst (auch bei Geburten) sind meist Transite oder Direktionen von Mars und Jupiter fällig. Wenn Mars und Jupiter in Quadrat oder Opposition stehen, sind sie ebenfalls für den Entschluß zur Ehe bezeichnend, oftmals wurden aber hierbei Verschiedenheiten in Weltanschauung und Konfession festgestellt.

Mars und Neptun in ungünstigen Aspekten können Mißbrauch oder Schwäche der Triebkräfte bedeuten, im Skorpion Infektionsgefahr, Geschlechtsleiden.

Mars und Mondknoten geben in guten Aspekten den Drang (Mars) zur Verbindung, zur Ehe (Mondknoten), während ungünstige Winkel das Zusammenleben stören können.

Jupiter und Saturn weisen in ungünstiger Verbindung auf Verzögerung der Ehe oder Schwierigkeiten im Zusammenleben, wobei auch weltanschauliche Konflikte eine Rolle spielen können, in günstigen Aspekten ist auf Ausdauer, Geduld, Pflichtbewußtsein zu schließen.

Jupiter und Uranus in günstigen Verbindungen bedeuten Glückszufälle im Leben, wozu auch eine plötzliche Liebesverbindung gehören kann. Jupiter in Quadrat oder Opposition Uranus kann zu plötzlichen Wendungen, Spannungen oder auch einer plötzlichen Lösung einer Verbindung führen.

Jupiter und Mondknoten können in harmonischen Winkeln zu guten Beziehungen, angenehmen Kontakt und auch einer glücklichen Ehe führen.

Jupiter und Ascendent in Konjunktion, Sextil oder Trigon gestalten eine harmonische Persönlichkeit mit angenehmen Umgangsformen, die in der Gesellschaft wie in der Familie in sympathischer Form die Führung übernimmt.

Jupiter und MC in Verbindung miteinander lassen nicht nur im Beruf, sondern auch in der häuslichen Gemeinschaft in harmonischer Form die Führung übernehmen.

Saturn und Mondknoten geben in Konjunktion oder Quadrat Mangel an Anpassung, Hemmung in Verbindungen und die Gefahr von Entfremdung und Trennung.

Saturn und Ascendent in Konjunktion, Quadrat, Opposition erschweren die Kontaktnahme mit anderen Personen und führen leicht zu Entfremdung und Trennung.

Saturn und MC in Konjunktion, Quadrat, Opposition kennzeichnen Menschen, die viel innere Hemmungen und äußere Schwierigkeiten zu überwinden haben, so daß sie eine „beglückende" und positive Natur als Ehepartner nötig haben.

Uranus und Mondknoten in einer Winkelbeziehung deuten auf plötzliche Erlebnisse im Gemeinschaftsleben.

Uranus und Ascendent in Konjunktion, Quadrat oder Opposition deuten auf viel Unruhe in der Umwelt und in der Familie. Solche Menschen regen nicht nur sich, sondern auch andere auf.

Neptun und Mondknoten in Konjunktion, Quadrat, Opposition können durch Mangel an Gemeinschaftssinn oder eigenartiges Verhalten Verbindungen untergraben (Klatsch, Verleumdung).

Neptun und Ascendent in Konjunktion, Quadrat, Opposition lassen Mangel an Widerstandskraft erkennen und führen leicht zu Enttäuschungen.

Die hier nicht aufgeführten Aspekte sind weniger auf das Liebes- und Eheleben bezüglich und können am besten in der KdG nachgesehen werden.

Zur richtigen Beurteilung der Aspekte sei hingewiesen auf die Figurationsmethode von Parm, der auf Grund der Verteilung der Gestirne im Geburtsbild harmonische, Konjunktions- und Oppositions-Kosmogramme unterscheidet. Danach wirken z. B. Oppositionen günstig im harmonischen, ungünstig im Konjunktionshoroskop und schwach im polaren[11]).

IV

Die Gestirne im „Ehehaus"

Auf Grund der astrologischen Überlieferung teilt man das Geburtsbild in 12 Felder oder Häuser ein. Der Kulminationspunkt oder das Medium coeli ist stets der Beginn des 10. und der Ascendent der Beginn des ersten Feldes. Da es verschiedene Häusermethoden gibt, die alle ihren großen Teil von Anhängern haben, beschränken wir uns in unserer Abhandlung hauptsächlich auf die Eckpunkte des Kosmogramms, d. h. die Schnittpunkte des Horizontes: Ascendent — Descendent, und die des Meridians: Medium coeli — Imun coeli. Der Raum am Descendenten wird als das 7. oder das Ehehaus bezeichnet. Die Erfahrung bestätigt, daß der Ascendent vornehmlich die engere Umwelt betrifft, die die Persönlichkeit formen hilft, der Horizont gewissermaßen die Erlebnisebene darstellt und der Descendent Beziehungen zur Anderheit, zum Du und zur breiteren Öffentlichkeit aufweist. Der Descendent ist also allgemein als der Raum im Kosmogramm zu bezeichnen, der die Stellung des Menschen zur Anderheit überhaupt und insbesondere zum Ehepartner darstellt. Das 7. Haus sollte dabei nicht zu engherzig nach der Häusertabelle bestimmt werden, sondern es sollen dabei die Deutungsfaktoren näher ins Auge gefaßt werden, die sich dicht über oder auch dicht unter dem Descendenten befinden. Wenn sich nun keine Gestirne an dieser Stelle befinden, so läßt das keineswegs den Schluß zu, daß der betreffende Mensch heiratet oder kein Eheschicksal hat, sondern seine Eheveranlagung und sein Familienleben sind dann aus anderen Konstellationen zu ersehen. Keineswegs darf auch nicht allein aus den Gestirnen am Descendenten geschlossen werden, ohne das vollständige Geburtsbild und insbesondere die Aspekte zu den anderen Gestirnen im Auge zu behalten.

Sehr oft wird man feststellen, daß sich die Ascendenten in den Geburtsbildern der Partner gegenüberliegen, so daß das „Ehehaus" des einen Partners sich mit dem Ascendenten des anderen deckt, daß gewissermaßen die eigene Persönlichkeit mit der Anderheit, dem Du, verschmilzt. Aber auch dann, wenn dieser Idealfall nicht vorhanden ist, wird man mehrfach erkennen, daß in den Geburtsbildern des einen Partners vorwiegend die untere, bei dem anderen die obere Hälfte, bei dem einen besonders die östliche, beim anderen die westliche Hälfte besetzt ist, was wieder einer mehr Ichbewußten (MC) und einer mehr unterbewußten (IC), einer mehr positiven (Ascendent) und einer mehr negativen (Descendent) Haltung der Partner entspricht und sich demnach eine Ergänzung ergibt. Es ist von besonderer Bedeutung, wenn sich vielleicht Sonne des einen mit Mond des anderen Partners im „Ehehause" oder am Ascendenten decken, wenn bei dem einen Venus und beim anderen Mars am IC stehen. Es gibt Fälle, wo die Besetzung der Kardinalpunkte bzw. der Häuser eine viel größere Rolle spielt als die Verteilung im Tierkreis. Beim ersten Beispiel stehen im Geburtsbild der Frau Mond, Merkur und Mondknoten dicht beim MC, beim Manne befinden sich hier Sonne und Venus, was zu einer starken harmonischen Bindung führte.

Die Sonne am Descendenten gibt den Drang, sich in der Öffentlichkeit Geltung zu verschaffen und auch in der Familie die Führung zu übernehmen. Auch Frauen mit dieser Sonnenstellung werden danach trachten, sich einen größeren Wirkungskreis zu verschaffen, der sich nicht allein auf das eigene Heim beschränkt.

Der Mond am Descendenten ist von besonderer Bedeutung im männlichen Geburtsbild, wo er auf den Charakter der Gattin hinweisen kann je nach seiner Aspektierung. Alle Verbindungen zeigen eine starke Gefühlsbetonung mit mehr oder weniger schwankender Zuneigung. Günstige Winkel deuten auf ein tiefes und liebevolles Verhältnis (Venus, Jupiter), ungünstige Gestirnbeziehungen deuten auf Ernüchterung und Entfremdung (Saturn), Aufregung und Streit (Mars, Uranus), Enttäuschung (Neptun) oder seelische Erschütterungen (Pluto).

Der Merkur am Descendenten soll nach der Überlieferung auf Menschen hinweisen, die gern aus der Liebe ein Geschäft machen oder aus Berechnung heiraten oder geheiratet werden. Erfüllen sich die gehegten Hoffnungen nicht, liegt die Gefahr der Trennung nahe. Elsbeth Ebertin bringt in „Astrologie und Liebesleben"[10]) ein Beispiel einer am 5. 7. 1888 um 18 Uhr am Ammersee geborenen Frau, in deren Geburtsbild der Merkur im Quadrat zum Mars steht. Diese Frau geriet um einer Nebenbuhlerin willen in die Gefahr, vergiftet zu werden. Charakteristisch ist dabei auch eine Konjunktion von Mond mit Neptun. Bei kritischen Aspekten kann man aber mindestens auf viel Aufregung und Streit schließen. Liegen gute Winkel zum Merkur vor, so können gemeinsame Interessen und berufliche Zusammenarbeit zum Erfolg führen.

Die Venus am Descendenten soll nach der Überlieferung schöne oder reiche Frauen im Geburtsbild des Mannes andeuten, womit aber keineswegs auch eine eheliche Harmonie garantiert ist. Es hat sich aber mehrfach bestätigt, daß die Venus an dieser Stelle sehr tiefe Empfindungen und Gefühle füreinander aufkommen läßt. Gute Aspekte zur Venus an dieser Stelle bilden jedenfalls ein sehr starkes Bindeglied. Bei ungünstigen Winkeln, insbesondere durch Saturn oder Neptun, ist auf eine anormale Veranlagung, Neigung zu Verirrungen, Mangel an Anpassung in seelischer und körperlicher Hinsicht zu schließen.

Der Mars am Descendenten deutet auf gemeinsamen Kampf um die Existenz oder Ehestreitigkeiten, bei sehr kritischen Aspekten auch Gewalttätigkeiten. Ein Teil wird jedenfalls sehr nachgiebig und anpassungsfähig sein müssen, um die eheliche Harmonie aufrechtzuerhalten. Manche Schwierigkeiten können auch dadurch bedingt sein, daß ein Ehepartner erkrankt und sich daraus Existenzkämpfe ergeben. Bei guter Verbindung mit Jupiter oder Venus können in einer harmonischen Ehe auch gemeinsame Aufstiegsmöglichkeiten gegeben sein.

Der Jupiter am Descendenten deutet auf einen durch Jupiter stark beeinflußten Ergänzungstyp, der nicht nur auf eine glückliche Ehe, sondern auch eine soziale Besserstellung durch die Heirat hinweist, sofern der Jupiter „allein" steht oder aber günstige Winkelverbindungen aufweist. Bei kritischen Aspekten sind Konflikte in der Ehe oder in der Öffentlichkeit möglich.

Der Saturn am Descendenten läßt auf Kontaktschwierigkeiten schließen, verzögert den Eheschluß, bringt Sorgen, Krankheit oder Existenzschwierigkeiten mit der Gefahr einer späteren Trennung, besonders bei kritischen Aspekten. Bei günstigen Winkeln wird der Saturneinfluß gemildert, weist dann auf ernst veranlagte, fleißige und pflichtbewußte Ehegatten hin.

Der Uranus am Descendenten weist auf Freiheits- und Unabhängigkeitsdrang mit dem Bestreben, sich keineswegs unterzuordnen und durchaus eigene Wege zu gehen. Von einem Ehepartner wird daher sehr viel Anpassung verlangt, wenn überhaupt ein entsprechender Partner gefunden wird. Andererseits kann auch der Ehepartner uranusbeeinflußt sein und viel Unruhe ins Haus bringen. Bei günstigen Gestirnverbindungen kann das gegenseitige Verhältnis sehr anregend sein; Langeweile wird in einer solchen Ehe kaum eintreten. Bei kritischen Aspekten können sich sehr große Aufregungen und dramatische Szenen ergeben, die schließlich zur Trennung führen. Die Neigung zu Liebesabenteuern und Untreue liegt sehr nahe.

Der Neptun am Descendenten deutet in guten Aspekten auf ideale Neigungen und besondere Ziele hinsichtlich der Ehegestaltung. Bei ungünstigen Winkeln werden die übersteigerten Wünsche nicht erfüllt, es ergeben sich große Enttäuschungen (evtl. durch Heiratsschwindler) und viel Herzeleid. Oftmals finden sich auch eigenartige Anlagen vor mit Neigung zu Perversionen und anderen sexuellen Verirrungen. Bei sittlich hochstehenden Menschen mit Neptun an dieser Stelle können sich rein platonische Beziehungen ergeben. Häufiger sind aber die Fälle, wo ein tiefes seelisches Verstehen nicht gefunden wird.

Der Pluto am Descendenten gibt das Streben der unbedingten Vorherrschaft in der Ehe, wobei versucht wird, den einen Partner vollkommen in Bann zu ziehen. Die Heirat bedeutet meist eine besondere Umgestaltung der Verhältnisse. Bei günstigen Winkelbeziehungen gelingt es leichter, den anpassungsfähigen Partner zu finden, bei kritischen Gestirnverbindungen ist die Gefahr der Trennung gegeben, insbesondere bei Pluto Quadrat oder Opposition zu Sonne (bei Frauen) und zu Mond (bei Männern). Oftmals ist auch eine Trennung durch höhere Gewalt bedingt wie Krieg, Massenschicksal, Haft usw.

V
Die Halbsummen

geben die Möglichkeit, besondere Feinheiten im Kosmogramm zu erkennen. Unter Halbsumme versteht man die halbe Summe von zwei Gestirnpositionen, bzw. die Mitte zwischen zwei Gestirnständen im Geburtsbild. Im folgenden Beispiel steht der Neptun in der Mitte zwischen Venus und Mars, ohne daß diese Gestirne in irgendwelchen Aspekten zueinander stehen. Will man diese Planetenverbindung oder das „Planetenbild" genau berechnen, so geht man jeweils von 0° Widder aus. Dann ist

Mars	= 16°11	Waage	= 196°11
Venus	= 12°45	Fische	= 342°45
Die Summe Mars + Venus			= 538°56
Die Halbsumme Venus/Mars			269°28 = 29°28 Schütze

Auf der Gegenseite des Tierkreises liegt die Halbsumme Venus/Mars in 29°28 Zwillinge, während sich Neptun in 1°06 Krebs befindet. Während man bei den Aspekten einen Orbis von 3—5° rechnet, soll bei Halbsummen der Umkreis höchstens 3° betragen, allgemein aber nicht mehr als 1½°. In diesem Falle beträgt der Umkreis ca. 1½°. Man schreibt ein solches Planetenbild

Venus/Mars = Neptun
29°28 1°06

Ebenso ist in diesem Beispiel Neptun in der Halbsumme Venus/Mondknoten, denn

Venus/Mondknoten = Neptun
0°17 1°06

In diesem Falle wurde also noch eine größere Genauigkeit erzielt.

Die Kombination von drei Deutungsfaktoren ergibt auch eine ziemlich genau bestimmte Aussage, die man am besten der KdG[7]) entnimmt. Über die Berechnung und Deutung der Halbsummen ziehe man die betreffenden Fachbücher zurate[12]).

Das Geburtsbild einer am 14. 2. 1903 geborenen Frau (Abb. 26) zeigt die Sonne in Konjunktion mit Jupiter im Zeichen Wassermann. Die Venus als Liebesplaneten in keinen genauen Winkelverbindungen, Saturn mit Merkur am Ascendenten. Am Descendenten stehen keine Gestirne. Es fällt daher schwer, sofort eine genaue Aussage zu machen. Untersucht man aber den kosmischen Zustand der einzelnen Deutungsfaktoren auch in Bezug auf die Halbsummen, so ergeben sich rasch genauere Anhaltspunkte. Um die Stellung der Gestirne in den Halbsummen besser zu finden, verwendet man am besten das 90°-Arbeitsgerät. Hierbei fallen die Zeichen Widder, Krebs, Waage, Steinbock auf die ersten 30°; die Zeichen Stier, Löwe, Skorpion, Wassermann auf 30—60°; und Zwillinge, Jungfrau, Schütze, Fische auf 60—90°. Die Gestirne, die in Konjunktion, Quadrat, Opposition stehen, fallen hier alle aufeinander, so daß man zunächst einen raschen Überblick über die Planetenverbindungen bekommt. So stehen hier Mond und Uranus beieinander, obwohl sie im Quadrat stehen. Mit Hilfe einer drehbaren Rechenscheibe mißt man jeweils den Abstand eines Gestirns zu den anderen und stellt auf diese Weise rasch die Halbsummen fest. Man unterscheidet dabei direkte Halbsummen, wenn wie oben der Neptun genau in der Mitte von Venus und Mars oder Venus und Mondknoten steht, und indirekte Halbsummen, wenn ein Gestirn ein Quadrat, Halbquadrat oder Anderthalbquadrat dazu bildet. Sextile und Trigone werden allgemein zu Halbsummen nicht in Beziehung gesetzt. Saturn steht z. B. im Halbquadrat zu Mond/Venus, das in 18°20 Schütze liegt. Von hier bis 3° Wassermann sind 45° oder ein Halbquadrat. Zunächst ist es ratsam, die direkten Halbsummen zu verwenden und die indirekten Halbsummen mehr als Ergänzung zu betrachten.

Zur Deutung der Halbsummen verwendet man am besten die KdG.

Dann ergeben sich folgende Hinweise:

Neptun = Venus/Mars: Krankhaftes Begehren, *Verneinung des Liebesdranges,* Neigung zu Perversitäten.

Neptun = Venus/Mondknoten: *Schüchternheit,* Minderwertigkeitsgefühle im Liebesleben, *schwärmerische Liebesneigungen ohne Erfüllung.*

Mars = Saturn/Neptun: *Schwache Zeugungskraft.*

Pluto = Mond/Venus: Mutterschaft erzwingen wollen. (Die Verwirklichung dieser Aussage wurde verhindert durch die starke Selbstbeherrschung und — die Angst vor den Männern!)

Sonne = Venus/Saturn: *Unbefriedigtes Triebleben, schwache Zeugungskraft,* alleinstehend sein.

Sonne = Venus/A: Schöner Körper, Anmut, Schönheitsempfinden.

Saturn = Venus/Uranus: *Beherrschte Sinnlichkeit,* unterdrückte Spannungen im Liebesleben, *vorübergehende Triebhemmungen.*

Sonne = Neptun/Mondknoten: *Mit anderen Menschen schlecht in Kontakt kommen,* sich nicht richtig verständigen können.

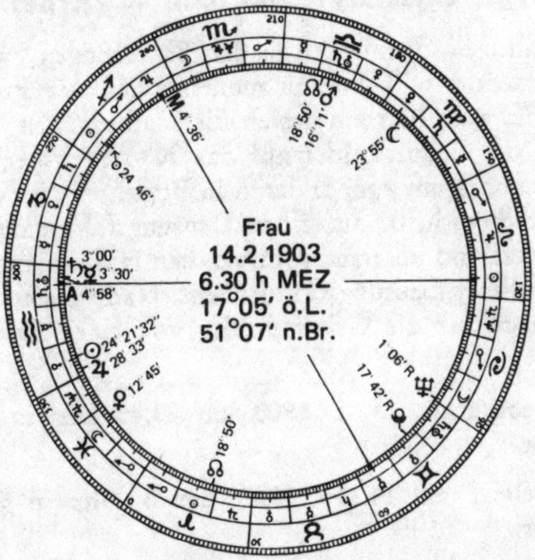

Abb. 26

Wenn auch durch Saturn am Ascendenten auf eine gehemmte Persönlichkeit geschlossen werden muß, die mit anderen Menschen schwer in Kontakt kommt, so geben doch die Halbsummen eine ausführlichere und auch ziemlich bestimmte Aussage.

Es handelt sich hierbei um eine „ungeküßte Jungfrau", über die folgendes berichtet wird: In ihrem Beruf ist sie peinlich gewissenhaft, fleißig, rechtschaffen, grundehrlich. Vor den Männern scheint sie aber, wenigstens in punkto Liebe, Angst zu haben, ist noch nie eine Liebschaft eingegangen, weil sie aus einem gewissen Anstandsgefühl heraus sich auf keine Beziehungen einläßt. Dabei ist sie gesund und von gutem Aussehen, so daß ein Mann wirklich an ihr Gefallen finden könnte. Jetzt — wo sie bald 50 Jahre wird, möchte sie wohl heiraten, um im Alter nicht allein zu sein. Aber es fehlt ihr an Gelegenheit, da sie in einem Bankgeschäft sehr stark beruflich in Anspruch genommen ist, sehr zurückgezogen lebt und keine Vergnügungsstätten aufsucht.

VI

Die Vergleichsanalyse mit dem 90°-Arbeitsgerät

Wenn man auch die Feinheiten in den Beziehungen zwischen zwei Partnern entdecken will, kommt man mit den Aspekten nicht aus und verwendet auch hier am besten die Halbsummen. Man legt in diesem Falle die Geburtsbilder auf das 90°-Arbeitsgerät und setzt das eine Kosmogramm zum anderen in Beziehung, indem man den Zeiger der Rechenscheibe auf einen Deutungsfaktor des einen Geburtsbildes setzt und untersucht, in welchen Halbsummen des anderen Partners dieser Deutungsfaktor steht. Nachstehende Abbildungen zeigen zunächst die Geburtsbilder von einer Frau und zwei Männern:

1. Weibl. Geburt am 23. 1. 1903 um 23.45 Uhr in 9°52 ö. L., 48°13 n. Br.

2. Männl. Geburt am 14. 10. 1885 um 3 Uhr in 8°57 ö. L., 48°20 n. Br.

3. Männl. Geburt am 25. 1. 1892, Stunde unbekannt (Mittagsstand der Gestirne).

1. Ehe 21. 10. 34, eigentliche Hochzeit durch vorzeitig eintretende Regenperiode in Afrika verschoben bis 2. 1. 1935. Ehe sehr harmonisch und glücklich, 17. 8. 1935 Tochter geboren, Mann Nov. 1937 von rätselhafter Krankheit befallen, 26. 8. 1938 gestorben.

2. Ehe am 28. 5. 1944 vorm. 11 Uhr in Süddeutschland, Wohnsitz nach CSR verlegt. Der Mann hatte sieben Kinder aus erster Ehe. 30. 3. 1945 Sohn geboren, 1946 Ehe getrennt, 1947 geschieden durch Alleinverschulden des Mannes.

Das Geburtsbild der Frau zeigt allein fünf Gestirne im Zeichen Wassermann, wodurch bereits auf eigenartige Eheverhältnisse hingewiesen wird. (Heirat in einem anderen Erdteil mit einem um reichlich 17 Jahre älteren Mann, Übernahme von sieben Kindern in die zweite Ehe.) Sonne Konjunktion Saturn bedingt Hemmungen, Verzögerungen, Trennungen. (1. Eheschluß wegen Regenperiode verzögert, Trennung durch vorzeitigen Tod, 2. Ehe schon nach zwei Jahren getrennt.) Ascendent Konjunktion Mondknoten und

Mars; Trigon Pluto, Venus, Merkur bzw. A in der Halbsumme Venus/Pluto, deutet nach der KdG auf eine anziehende Persönlichkeit und ungewöhnliche Liebesbekanntschaften. Ebenso ist auch Venus im Trigon zu A, Mars und Pluto bzw. in der Halbsumme A/Pluto. Der Merkur steht in der Halbsumme Venus/Jupiter, was auf Liebesglück hoffen läßt. Mars im Quadrat zur Halbsumme Saturn/Uranus läßt Trennungen befürchten. Neptun im Anderthalbquadrat zu Venus weist auf Enttäuschungen in triebhaften Beziehungen hin (2. Ehe).

Das Verhältnis der Frau zum ersten Mann wird gekennzeichnet durch folgende gegenseitigen Aspekte:

w : m 1		♀ ☍ ♂. (M □ ☉ ☿).
☉ △ ♇ M.	♇ △ ☉ ☿.	☿ ☍ ♂. ♂ □ ♄.
☉ △ ♅.	A ☌ ☿.	♃ □ ♆. (☽ ☍ M).
♄ △ ♇.	☊ ☌ ☿ ☉.	♇ □ A. (☽ □ A).
♄ △ ♅.	☽ △ ♂.	♇ □ ♃. ♅ □ ♃ ☊.
♀ △ ☿ ☉.		♆ □ ♅.
☿ △ ☿ ☉.		♆ ☍ ☽.
♃ △ ☉ ☿.		

Das Überwiegen der günstigen Verbindungen kennzeichnet die harmonische Ehe trotz des großen Altersunterschieds, während die ungünstigen Aspekte, insbesondere Mars Quadrat Saturn auf den frühen Tod hinweisen und die Enttäuschung dadurch.

Das Verhältnis der Frau zum zweiten Mann ist aus folgenden gegenseitigen Aspekten zu ersehen:

☉ ☌ ☉.	☉ □ ♅.
☉ △ ♆ ♇	☿ □ ☊.
♆ △ ♀.	♃ □ ☊.
♆ △ ♅.	♇ □ ♃.
M △ ♃.	♂ □ ☿.
☽ ☌ ☽?.	A □ ☿.
♄ △ ♆.	♅ □ ♄.
	♅ □ ♃.
	♅ = ♃/♄.
	♄ ☌ ☉.
	♄ □ ♅.

Ein Vergleich der beiden Aufstellungen zeigt deutlich, daß bei der ersten Verbindung die günstigen Aspekte überwiegen. Untersucht man die einzelnen Aspekte näher, so sind im ersten Falle die Quadrate von M zu Sonne und Merkur, Mond zu A und Mond Opposition M nicht als ungünstig anzusehen, ebenso auch nicht A Quadrat Merkur im zweiten Falle. Andererseits sind im zweiten Falle Sonne und Mond beider Kosmogramme im gleichen Zeichen, was nicht auf Ergänzung, sondern Gleichart hinweist, die allgemein keine Grundlage für eine harmonische Ehe gibt. Im ersten Falle sind vornehmlich die Aspekte der das Liebesleben bestimmenden Gestirne bedeutend stärker vertreten, insbesondere durch Venus Opposition Mars, Venus Trigon Merkur, Sonne; und Mond Trigon Mars; während im zweiten Falle gerade die Verbindungen von Mars und Venus fast gänzlich fehlen mit Ausnahme von Neptun Trigon Venus. Als besonders kritisch sind im zweiten Falle Uranus Quadrat Saturn und Jupiter bzw. Uranus in der Halbsumme Jupiter/Saturn zu bezeichnen wie auch Saturn Konjunktion Sonne und Saturn Quadrat Uranus. Alle diese Gestirnverbindungen deuten auf Trennung hin, nachdem starke seelische Erschütterungen vorausgegangen sind.

Um sich eine gute Übersicht über die Zusammenhänge zwischen den drei Geburtsbildern zu verschaffen, nimmt man am besten ein Formular K 2 mit der 360- und 90°-Einteilung, zieht innen wie außen zwei weitere Kreise und trägt die Gestirnstände ein. Die einzelnen Kosmogramme bezeichnen wir mit w (weiblich), m 1 (erster Mann) und m 2 (zweiter Mann).

In den 360°-Kreisen fällt auf, daß Sonne m 2 in der Nähe von Sonne und Saturn w; Sonne und Merkur m 1 bei A und Mondknoten w stehen.

In den 90°-Kreisen sind sofort weitere Beziehungen zu erkennen. Es decken sich Merkur m 1 und Mondknoten w; Sonne m 1 und M w; Mars m 1 und Venus w; Jupiter und Mondknoten m 1 mit Uranus w; Jupiter m 2 und Pluto w. Dabei ist zu erkennen, daß die Beziehungen zwischen w und m 1 stärker sind als zwischen w und m 2.

Bei dieser Untersuchung interessieren uns vornehmlich die Deutungsfaktoren, die für ein Liebes- und Eheverhältnis besonders maßgebend sind, also Sonne, Mond, Venus, Mars, Mondknoten, A, M, Jupiter. Wollte man alle Aspekte und Halbsummen heranziehen, so würde man Gefahr laufen, eine solche Häufung von Planetenbildern zu erhalten, die eine klare Übersicht nicht mehr ermöglicht. Das schließt nicht aus, daß man — sofern man noch nicht die nötige Routine besitzt — erst einmal die Halbsummen der einzelnen Kosmogramme mit Hilfe des Arbeitsgerätes feststellt, dann sämtliche Deutungsfaktoren des weiblichen Geburtsbildes zu m 1 und dann die einzelnen Gestirne von m 1 zu w, schließlich w zu m 2 und m 2 zu w in den Halbsummen untersucht.

W: 23.1.1903, 11.45 h MEZ
M 1: 14.10.1885, 3.00 h MEZ
M 2: 25.1.1892

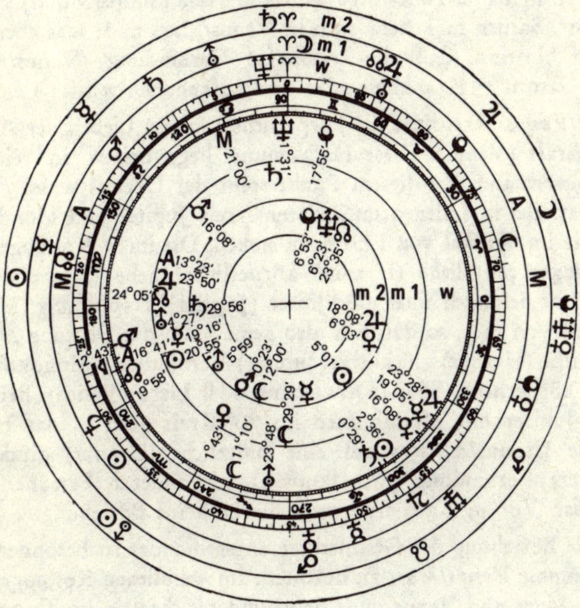

Abb. 27

Man kann auch so vorgehen, daß man sich eine Übersicht der wichtigsten Halbsummen von w zu m 1 und m 2 erarbeitet. Man stelle zunächst das Verhältnis von Mann und Frau fest durch die Halbsumme *Sonne/Mond*. Man drehe also den Zeiger der Rechenscheibe so, daß er in die Mitte von Sonne und Mond w fällt. Das ist auf der 90°Einteilung in ca. 7 und 52°, im 360°Kreis in ca. 7° Steinbock. Außen befindet sich dicht daneben Jupiter w, innen ist Jupiter im Halbquadrat zu Sonne/Mond und deutet somit ein glückliches

Verhältnis von Mann und Frau an. Zur Deutung verwende man am besten die KdG. In dieser Halbsumme befindet sich Saturn m 1, wodurch angedeutet wird, daß die Ehe (Sonne/Mond) getrennt (Saturn) wird, in diesem Falle durch einen frühzeitigen Tod. Außerdem steht hier Mondknoten m 2 (Anderthalbquadrat = 135°), deutet also die Verbindung (☊) von Mann und Frau an. Es ist dabei charakteristisch, daß Mondknoten m 2 fast in der Halbsumme Sonne/Mond m 2 steht. Bei m 1 steht der Saturn in Sonne/Jupiter m 1, was u. a. auf Krankheit hinweist. Durch die Krankheit von m 1 mit Todesfolge wurde die Ehe (Sonne/Mond) von w zerstört. Saturn m 1 steht auch in Venus/Mars m 1, was ebenfalls darauf hinweist, daß die triebhafte Verbindung (Venus/Mars) durch Saturn = Krankheit oder Tod aufgehoben wird.

Sonne/Venus bezeichnet die körperliche (Sonne) Liebe oder Anziehungskraft (Venus). Diese Halbsumme liegt bei w in reichlich 9° Wassermann. Zu diesem Punkt steht der Uranus w im Halbquadrat. Bei m 1 liegen im äußeren Kreis Jupiter und Mondknoten, die im Winkel von 135° dazu stehen. Die im w-Kosmogramm veranlagte plötzliche (Uranus) körperliche Liebe (Sonne/Venus) entspricht demnach einer glücklichen (Jupiter) Verbindung (Mondknoten) von m 1, so daß sich also gemeinsam die Deutung ergibt: Plötzliche (Uranus) glückliche (Jupiter) Verbindung (Mondknoten) durch körperliche (Sonne) Anziehung oder Liebe (Venus). Bei m 1 steht Jupiter mit Mondknoten im 90°-Kreis auch in der Halbsumme Uranus/A, was auf eine plötzliche (Uranus) glückliche (Jupiter) Verbindung (Mondknoten) mit anderen Personen (A) hinweist. Von m 2 aus ergibt sich hierzu keine Beziehung.

Für die Beziehung der Geschlechter untereinander ist besonders die Halbsumme *Venus/Mars* zu beachten. Im weiblichen Kosmogramm stehen Mars und Venus im Trigon und gleichzeitig im Trigon zu Pluto und A, wobei die Venus genau in Pluto/A zu finden ist. Es ist daher anzunehmen, daß es sich bei w um eine Natur mit einem starken Triebleben handelt, gleichzeitig auch mit einer starken Anziehungskraft auf das andere Geschlecht. Nun steht der Neptun w allerdings im Anderthalbquadrat zur Venus w, so daß die Native entweder ein etwas eigenartiges Liebesleben führt oder aber in der Liebe Enttäuschungen erlebt.

Die engere Bindung hat unbedingt zwischen w und m 1 bestanden, denn im 90°-Kreis decken sich Venus w und Mars m 1. In der gleichen Achse liegen gegenüber Mond m 1 aber Saturn m 2. Im 360°-Kreis stehen Venus w und Mars m 1 in Opposition. (Wie schon früher angedeutet, brauchen Opposition von Venus und Mars in der Gegenüberstellung keineswegs ungünstig zu sein, sie bedingen sogar eine starke Anziehung.) Mond m 1 bildet zur Venus w ein Halbquadrat, Saturn m 2 ein Anderthalbquadrat. Die Verbindung Mond — Venus bezeichnet Liebesempfinden, Hingabe, dagegen Venus — Saturn Liebesleid.

Venus w steht außerdem in Mond/M w und Mond/Mondknoten w und bezeichnet hier eine individuelle Zuneigung der Frau. Ferner steht Mond m 1 in Jupiter/Uranus m 1 und in Uranus/Mondknoten m 1. Das ergibt eine plötzliche glückliche Verbindung mit einer Frau. Bei m 2 in Verbindung mit w wird durch Saturn m 2 die individuelle Zuneigung gestört, zumal Saturn m 2 in Uranus/Mondknoten m 2 laut KdG auf Scheidung hinweist.

Die Achse Venus/Mars w enthält den Saturn w als Trennungsfaktor einer Geschlechtsverbindung, doch liegt hier auch A m 1 = Venus/Jupiter m 1 und Venus/Mondknoten m 1, eine glückliche Liebesverbindung kennzeichnend.

Mars/Venus m 1 enthält zwar Neptun m 1, aber auch Jupiter w, um dadurch eine harmonische Geschlechtsverbindung zwischen w und m 1 zu bezeichnen.

Venus/Mars m 2 fällt zusammen mit A w und Mondknoten w als Kennzeichnung der Geschlechtsverbindung. Gleichzeitig bedingt aber Mars/Neptun m 2 = A w Aufhebung der Verbindung mit kritischem Einschlag durch Mars/Pluto m 2. Charakteristisch ist Neptun = Venus/Pluto m 2, was auf Beeinflußbarkeit, Haltlosigkeit, Unsittlichkeit hinweist, worunter die Frau durch M w an dieser Stelle leiden muß, während durch M w = Venus/A und Venus/M des ersten Mannes hier eine tiefe Liebesneigung bestand.

In nachstehender Übersicht sind einzelne Halbsummen w in Beziehung gesetzt zu wichtigen Deutungsfaktoren von m 1 und m 2. Der Einfachheit halber sind die Aspekte durch = ersetzt.

w	m 1	m 2
☽/☊ = ♆, ♀	= ☽, ♂	= ♄
☽/A = ♀	= ☽	= ♄
☽/M = ♆, ♀	= ☽, ♂	= ♄
♀/♅ = ☊, M	= ☿, ☉	= ♀, ♆, ♇
♀/♇ = A	= ♀	= ♂

Daraus ist am besten zu erkennen, welch starke Stellung der Saturn m 2 zu w einnimmt, während an der gleichen Stelle besonders Mond und Mars m 1 als Beziehungsfaktoren für die Gattin anzutreffen sind.

Zur gründlichen Beurteilung von Partnerkosmogrammen ist es notwendig, daß auch auf Grund der Geburtszeit A und M eingesetzt sind oder mindestens bei einem Partner diese Punkte bekannt sein sollten. Ist die Geburtsstunde nicht bekannt, muß auch der Mond ausgeschaltet werden, da er innerhalb eines Tages 12 — 15° durchläuft und somit keine Genauigkeit erzielt werden kann.

Sehr interessant ist der Vergleich der Kosmogramme eines Freundschaftsverhältnisses aus der klassischen Zeit, Goethe und Charlotte von Stein. Während Goethe sein Geburtsbild selbst bekannt gibt, muß bei Frau von Stein leider auf die Geburtszeit verzichtet werden, somit auch auf die Punkte A und M. Trotzdem ist das Verhältnis der beiden Partner aus den Konstellationen sehr schön zu ersehen.

Prof. Dr. H. H. Kritzinger[12]) erläuterte bereits die Beziehungen zwischen beiden Kosmogrammen und wies ganz besonders auf die gegenseitige Konjunktion von Sonne und Mars im Trigon zu einander hin. Sonne und MC Goethes deckt sich mit dem Mars Charlottens und der Mars Goethes deckt sich mit der Sonne Charlottens. Da der Saturn dicht bei Mars im Geburtsbild Charlottens in Konjunktion Sonne und M Goethes steht, so sind daraus die Hemmungen erkennbar, die sich beide auferlegen mußten. Welch starke Bindung zwischen Goethe und Frau von Stein bestand, geht am besten aus den Stellungen von Venus und Jupiter hervor. Bei Goethe stehen Jupiter und Venus in Opposition, Charlottens Venus steht genau im Quadrat dazu.

Auf dem 90°-Gerät sind die Beziehungen noch besser erkennbar. Im weiblichen Geburtsbild steht die Venus in der Halbsumme Sonne/Merkur und bezeichnet hier die Einstellung zum Liebesleben. Diese Konstellation deckt sich mit Venus/Jupiter im männlichen Kosmogramm im Halbquadrat zu Sonne/Mondknoten und Mondknoten/M, was nach der KdG auf Interesse an künstlerischen Darbietungen, Verbindung mit Künstlern und Kunstfreunden und Offenbarung der Empfindungen und Neigungen hinweist, so daß aus dieser Konstellation erkennbar ist, daß künstlerische Interessen beide Menschen zusammenführten bzw. daß diese Liebesverbindung das künstlerische Schaffen Goethes anregte.

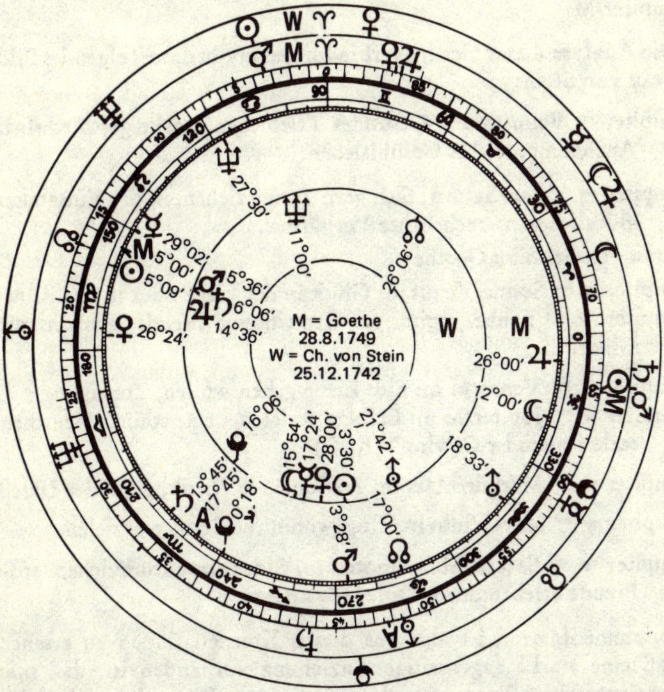

Abb. 28

Stellen wir den Zeiger der Rechenscheibe auf Goethes Saturn, so fällt dieser in die Achse Venus/Mars und Mars/Jupiter, wodurch den triebhaften Neigungen (Venus/Mars) Hemmungen auferlegt werden und ein Entschluß zur Ehe (Mars/Jupiter) verhindert wird. Bei Frau von Stein liegt an der gleichen Stelle Sonne/Venus im Halbquadrat zu Pluto, was einmal zu einer starken Liebeserregbarkeit wie auch zu einer schicksalhaften Liebesverbindung (nach KdG) führt. Gleichzeitig stehen Pluto in Saturn/Uranus bei Charlotte, was „mit außergewöhnlicher Anstrengung eine schwierige Lage überwinden und gegen das Schicksal auflehnen läßt". Stellen wir den Zeiger der Rechenscheibe auf den weiblichen Jupiter, so fällt dieser in die Achse Venus/Mars, und Venus/Saturn bei Goethe an der gleichen Stelle auf Sonne/Venus, Sonne/Jupiter, Venus/M, Jupiter/M.

Die Analyse dieser Gestirnverbindungen ergibt dann folgendes Bild: Frau von Stein:

Jupiter = Venus/Mars: Gesundes Triebleben, starke geschlechtliche Anziehung, reiches Gefühlsleben.

Jupiter = Venus/Saturn: Sich gern zurückziehen, in der Einsamkeit glücklich sein, uneheliches Verhältnis.

Frau von Stein zu Goethe:

Jupiter w = Sonne/Venus m: Glück in der Liebe oder in der Kunst.

Jupiter w = Sonne/Jupiter m: Gemeinsame Freude, gemeinsames Glück.

Jupiter w = Venus/M m: Sich Liebe geben wollen, Zuneigung.

Jupiter w = Jupiter/M m: Erfolge erzielen, „eine schöne Menschenseele finden ist Gewinn“ (KdG)

Jupiter w = Merkur/Mars m: Aufbauende Kritik, gesundes Urteil.

Jupiter w = Mars/Pluto m: Ungewöhnliche Erfolge erzielen.

Jupiter w = Saturn/Mondknoten m: Sich gern zurückziehen, stille Freude erleben durch Opfer für andere.

Zusammenfassend ist also aus diesen Konstellationen zu ersehen, daß eine starke gegenseitige Anziehung vorhanden ist, daß man sich gegenseitige Zuneigung offenbart, gegenseitig aufbauende Kritik übt und dadurch gemeinsame Erfolge erlebt, sich aber andererseits auch immer wieder zurückzieht.

Daß diese Verbindung auch eine gewisse Tragik in sich barg, geht daraus hervor, daß
Saturn w = Venus/Pluto w tragische Liebe bedeutet, die durch Uranus w = Venus/Pluto w plötzlich entzündet worden war. Diese Konstellation deckt sich mit Sonne m und M m, sodaß dieser Mann die Tragik verschuldete.

Stellt man das Arbeitsgerät auf Merkur w ein, so ergibt sich Merkur w = Sonne/Saturn w: Sich mit ernsten Problemen beschäftigen.

Merkur w = Sonne/Mars w: Handlungsbereitschaft, Pläne verwirklichen.

Merkur w = Uranus/Pluto w: Lebhaftes Gedankenleben, rastloser Geist, schöpferische Tätigkeit, erfinderisch sein.

Da nun Sonne und Mars in den Kosmogrammen sich gegenseitig decken, muß der Intellekt der Frau auch befruchtend auf die geistige Tätigkeit des Mannes (Sonne/Mars) gewirkt haben.
Außerdem ist

Merkur w = Mond/Jupiter m: Weitgehende Pläne, weiter Gedankenkreis, Zielbewußtsein. — Mit einer reichen oder glücklichen Frau verbunden sein. — Erfolg durch Rede und Schrift. (KdG)
Merkur w = Mond/Venus m: Liebessehnsucht, über erotische Probleme nachdenken.

Merkur w = Uranus/Mondknoten m: Rasche Auffassung, mit anderen in Gedanken verbunden sein, sich plötzlich verstehen. (KdG)
Aus all den Konstellationen geht demnach hervor, daß hier eine tiefe Liebesfreundschaft vorlag, in der jeder Partner den anderen anregte bzw. geistig befruchtete, daß aber andererseits auch gegenseitige Zurückhaltung geübt wurde, um die durch die Verhältnisse gezogenen Grenzen nicht zu überschreiten.

Ein drittes Beispiel soll nun zeigen, welche Konstellationen sich bei einer Liebestragödie ergeben.

Männliche Geburt am 21. 4. 1913, 20 Uhr Gardelegen.
Weibliche Geburt am 10. 4. 1920, 1.30 Uhr in Kremkau/Altmark.

Am 27. 10. 1935, um 17 Uhr, erschoß der 22 jährige E. K. die 15 jährige I. R., mit der er ein unglückliches Liebesverhältnis unterhalten hatte. Die tödlich Getroffene starb eine halbe Stunde nach der Tat, der Mörder starb vier Wochen später in einer Irrenanstalt. Das Ereignis an sich wurde bereits von Franz Hackbusch[13]) einmal untersucht. Uns soll vornehmlich die Gegenüberstellung der beiden Geburtsbilder interessieren.
Auffällig sind zunächst folgende Konstellationen: M w Konjunktion Mond m, A m; Mars w Opposition Venus m; Jupiter w mit Neptun w Quadrat Venus m; Venus w Quadrat Pluto m.

Da die Handhabung des Arbeitsgerätes bereits erläutert wurde, mag von einer genauen Untersuchung der Geburtsbilder im 360°-Kreis abgesehen werden, wir betrachten also vornehmlich den äußeren Ring der Aufzeichnung mit der 90°-Einteilung. Der Zeiger der Rechenscheibe wird zunächst auf M w = A m eingestellt, weil hier die stärkste persönliche Beziehung zu suchen ist.

Im männlichen Geburtsbild ergibt sich:

A m = Merkur/Mars m: Streitlustiger Mensch.

A m = Mond/Venus m: Verbindung mit Frauen, Liebesbekanntschaft.

A m = Mond/Uranus m: Aufgeregter Mensch, beunruhigender Einfluß auf andere.

A m = Mond m: Körperliche Anziehung.

Es handelt sich also um einen streitlustigen und aufgeregten Menschen, der auf andere Personen einen beunruhigenden Einfluß ausübt und Verbindung mit Frauen sucht.

Das weibliche Geburtsbild zeigt folgende Verbindungen:

M w = Mars/Mondknoten w: Triebhafte Verbindung.

M w = Sonne/Uranus w: Aufgeregter, ruheloser Mensch, seelische Erschütterung.

M w = Sonne/Saturn w: Hemmungen in der Entfaltung.

M w = Neptun w: Mangel an Ichbewußtsein.

M w = Jupiter w: Zielbewußtsein.

M w = Jupiter/Neptun w: Schaden durch Gedankenlosigkeit.

M w = Merkur/Venus w: Leichtlebigkeit.

Das junge Mädchen ist ebenfalls leicht aufgeregt und ruhelos, in der Entwicklung gehemmt, aber leichtlebig veranlagt, kann Schaden durch Gedankenlosigkeit erleben, strebt nach triebhafter Verbindung.

Die Gegenüberstellung m : w deutet an:

A m = Mars/Mondknoten w: Geschlechtsverbindung.

A m = Sonne/Uranus w: Plötzliche Erlebnisse.

A m = Sonne/Saturn w: Unverstandensein, Trennung.

A m = Neptun w: Beeinflußbarkeit.

A m = Jupiter w: Angenehmer Umgang.

A m = Jupiter/Neptun w: In einer Scheinwelt leben.

(A m in 11° Skorpion steht nicht genau im Quadrat zur Halbsumme Jupiter/Neptun in 8° Löwe, trotzdem kann man in solchem Falle die Deutungskombination von drei Gestirnen der KdG verwenden.)

A m = Merkur/Venus w: Persönliche Liebesgedanken.

Umgekehrt ergibt sich aus w : m:

M w = A m: Seelisch körperliche Verbindung.

M w = Mond/Uranus m: Handlungsbereitschaft.

M w = Mond m: Seelisches Verhältnis.

M w = Mond/Venus m: Von Liebe erfüllt sein.

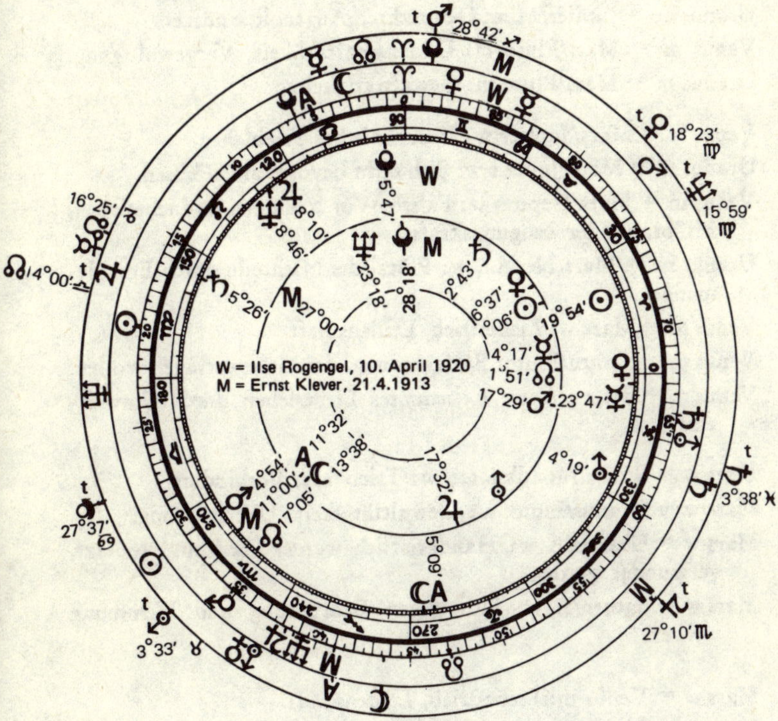

Abb. 29

Demnach führen Liebesgedanken zu gegenseitiger Beeinflussung mit dem Entschluß zu einem körperlich seelischem Verhältnis, also einer Geschlechtsverbindung, ohne sich der Folgen bewußt zu werden (in einer Scheinwelt leben) mit der Gefahr folgenden Unverstandenseins und folgender Trennung.

Betrachten wir nun die Venus-Mars-Beziehung. Dann ist

Venus m = Uranus m: Liebeserregung, Liebesabenteuer.

Venus m = Sonne/A m: Zuneigung.

Uranus m = Sonne/A m: Sich gewaltsam durchsetzen = Venus: in der Liebe (Vergewaltigung).

Venus m = Sonne/Mond m: Erotische Anziehung.

Uranus m = Sonne/Mond m: Plötzliche Ereignisse im Liebesleben.

Venus m = Jupiter/M m: Reichtum an Liebesempfindungen.

Uranus m = Jupiter/M m: Den rechten Augenblick nützen.

Venus m = Mars/Pluto m: Leidenschaftlichkeit, Vergewaltigung.

Uranus m = Mars/Pluto m: Gewalttätigkeit.

Venus m = Mars/Jupiter w: Harmonisches Triebleben.

Uranus m = Mars/Jupiter w: Sich nicht bevormunden lassen.

Venus m = Mars/Neptun w: Falsche Vorstellungen im Liebesleben, Mißbrauch der Zeugungskraft.

Uranus m = Mars/Neptun w: Plötzliche Nachteile durch Energiemangel.

Venus m = Mars w: Liebestrieb, Leidenschaft.

Venus m = Saturn/Pluto: Entfremdung, der Liebe entsagen wollen.

Venus m = Saturn/A w: Gehemmtes Liebesleben durch Umwelteinflüsse.

Mars w = Sonne/Mondknoten w: Triebhafte Verbindung.

Mars w = Uranus/Pluto w: Gewalttätigkeit, Überstürzung.

Mars w = Uranus/A w: Handgreiflich werden, bedroht, verletzt, verwundet werden.

Mars w = Saturn/A w: Sich gegen Bedrückung und Hemmung wehren.

Mars w = Venus m: Liebestrieb, Leidenschaft.

Mars w = Sonne/Venus m: Liebesdrang.

Mars w = Sonne/Uranus m: Voreilig handeln, Verletzung, Unfall.

Aus allen diesen Halbsummenverbindungen geht hervor, daß der Mann den rechten Augenblick zu nützen sucht, um seinen Liebestrieb zu befriedigen und auch vor Gewalttätigkeiten nicht zurückschreckt. Das Mädchen wehrt sich gegen jede Bevormundung, sucht die triebhafte Verbindung und läuft Gefahr, bedroht, verletzt oder verwundet zu werden. Die Gegenüberstellung zeigt ebenfalls den gemeinsamen Drang zu einer triebhaften Verbindung. Beide scheinen unter falschen oder unklaren Vorstellungen zu handeln unter Mißbrauch der Zeugungskraft.

Die Venus-Pluto-Verbindung läßt folgende Kombinationen zu:

Pluto m = Mond m: Extremes Gefühlsleben.

Pluto m = Sonne/M m: Seine Ziele gewaltsam durchsetzen.

Mond m = Sonne/M m: Unterbewußte Regungen, Einstellung zum anderen Geschlecht.

Venus w = Mond/Merkur w: Liebesempfinden, Jungendliebe.

Venus w = Sonne/Saturn w: Hemmungen im Liebesleben, Liebeskrankheit.

Venus w = Sonne/Uranus w: Plötzliche Liebesregungen, rasch entflammt sein, romantisches oder außergewöhnliches Liebeserleben.

Venus w = Mars/Mondknoten w: Leidenschaftliche Vereinigung.

Venus w = Jupiter/Mondknoten w: Sich beliebt machen.

Venus w = Neptun/Mondknoten w: Falsche Verbindungen, sich von anderen Menschen in seinem Empfinden täuschen lassen.

Pluto m = Venus w: Fanatische Liebe, Wollust.

Pluto m = Mond/Merkur w: Tragische Erkenntnisse.

Mond m = Mond/Merkur w: Gefühlsbetontes Denken.

Mond m = Venus w: Liebesempfinden, Hingabe.

Pluto m = Sonne/Saturn w: Entwicklungshemmung durch Krankheit.

Mond m = Sonne/Saturn w: Gemütsdepressionen, Trennung.

Pluto m = Neptun/Mondknoten w: Schlechter Einfluß in Verbindungen, zermürbendes Verhältnis.

Mond m = Neptun/Mondknoten w: Enttäuschung, Mißverhältnis zu weiblichen Personen.

Venus w = Merkur/Mars m: Rasch entschlossen in Liebesangelegenheiten, Streit um die Geliebte.

Venus w = Mond/A m: Liebesverhältnis, Einfluß der Liebesverbindung auf die eigene Persönlichkeit.

Venus w = Saturn/Neptun m: Liebesleid.

Das Quadrat von Venus w und Pluto m in der Gegenüberstellung weist demnach beim Mann auf ein extremes Gefühlsleben und unbewußte Regungen in der Einstellung zum anderen Geschlecht, bei dem Mädchen auf ein plötzliches und außergewöhnliches Liebeserlebnis mit der Gefahr einer Enttäuschung, in der Gegenüberstellung auf ein Mißverhältnis auf wollüstiger Grundlage, das zu tragischen Erkenntnissen führt.

Daß in beiden Fällen sich die Partner ihres Handelns nicht voll bewußt waren, ihr Denken falschen oder krankhaften Vorstellungen unterlag, wird ersichtlich, wenn man den Merkur untersucht.

Merkur m = Mars/Neptun m: Gedankenlosigkeit, Geistesschwäche.

Merkur m = Venus/Saturn m: Engherzig oder selbstsüchtig in der Liebe.

Merkur m = Saturn/Uranus m: An die Nervenkraft hohe Anforderungen stellen.

Merkur m = A/M m: Über sich selbst nachdenken.

Merkur w = Jupiter/Neptun w: Rege Phantasie, Hoffnungen erwecken, schauspielern.

Merkur w = Neptun w: Aus dem Unterbewußtsein kommende Störungen.

Merkur w = Neptun w = Mars/M w: Aus Mangel an Überlegung falsch handeln.

Merkur m = Mond/A w: Persönlichen Kontakt suchen.

Merkur m = Mond/Pluto w: Auf andere stark einwirken.

Merkur m = Mars/Saturn w: Gedankenlosigkeit, Hoffnungslosigkeit, Gedanken über Trennung und Tod. — M ö r d e r. (In der KdG steht „Mörder" in Klammern, da selbstverständlich nicht in jedem Falle diese Deutung gelten kann, hier geht aber daraus hervor, daß ein geplanter Mord vorliegt, zumal Merkur m mit den persönlichen Punkten Mond und A w verbunden ist.)

Merkur m = Mars/Uranus w: Mit Berechnung durchgeführte Kraftprobe, ausgeklügelte Leistung, V e r l e t z u n g, Nervenüberreizung.

Merkur m = A/Pluto w: Andere geistig zu beherrschen suchen, Suggestion, Hypnose.

Der Mann übte demnach auf das Mädchen einen dämonischen Einfluß aus; Gewalttätigkeit und Brutalität steigerten dann seine Vorstellungen bis zum Mord. — Dabei ist zu beachten, daß der Merkur fast überall in direkten Halbsummen steht.

Zeichnet man sich die beiden Geburtsbilder für sich allein auf, so fällt auf, daß in beiden Fällen der Mond am Ascendenten steht, bei dem Mädchen der Pluto und bei dem Manne Sonne mit Venus am Descendenten, so daß die Horizontachse hier eine ganz besondere Bedeutung erhält, in Verbindung mit der Merkurstellung des Mannes zu Mars/Saturn und Mars/Uranus des Mädchens, woraus ebenfalls die beabsichtigte Vergewaltigung und der spätere Mord abgeleitet werden können.

Merkur w = Neptun w = Mars/Pluto m: Nervenüberreizung, Hinterhältigkeit, heimliche Schädigung.

Merkur w = Neptun w = Venus/A m: Liebesgedanken austauschen, unmoralisches Verhalten, Falschheit, Enttäuschung.

Merkur w = Neptun w = Uranus/A m: Kritik üben, unter unruhigen Menschen seelisch leiden, Enttäuschung, Falschheit, plötzliche Untergrabung von Verbindungen, plötzliche traurige Erlebnisse.

Merkur w = Neptun/M m: Falsches Denken, falsche Vorstellungen, Auftauchen unbewußter Vorstellungen.

Auch wenn man andere Planetenbilder untersucht, wird man immer wieder zu dem gleichen Ergebnis kommen. Stellt man die verschiedenen Ergebnisse stichwortartig zusammen, so geben diese ein klares Bild der Liebestragödie:

Der Mann: Streitlustig, unruhig, aufgeregt, leidenschaftlich mit absonderlichen Neigungen, gewalttätig, zu Vergewaltigung fähig, nervenkrank, geistesschwach, oft handelnd ohne sich der wirklichen Lage bewußt zu sein. Das Mädchen: Aufgeregt, ruhelos, leichtlebig, gedankenlos, leidenschaftlich, unter unklaren Vorstellungen handelnd, zu außergewöhnlichem Liebeserleben bereit mit der Gefahr der Verführung und Vergewaltigung.
Das Verhältnis: Drang zu körperlich-seelischer Verbindung, wollüstiges Begehren, Vergewaltigung, Mißbrauch der Zeugungskraft, Mißverhältnis, tragische Erkenntnisse, Gefahr der Trennung durch gewaltsamen Tod.

Charakteristisch für den Tag des Mordes (27. 10. 1935) sind folgende Konstellationen:

Uranus lfd 3°31 Stier = Sonne lfd 3°21 Skorpion = Mond 4°28 Skorpion (Neumond) = Mars w 4°54 Skorpion = Mond/Saturn w = Uranus/A w = Uranus/Pluto w = Sonne/Mondknoten w, woraus Gewalttätigkeit, Verletzung oder auch Mord ersehen werden können. Diese Achsen befinden sich in Übereinstimmung mit Mars m =

Merkur/Saturn m: An anderen schlecht handeln, Trennung gewaltsam herbeiführen (KdG).

Mars lfd 29°04 Schütze hat gerade Opposition Pluto m, Halbquadrat Mond m und Quadrat Venus w überschritten und demnach die kritische Venus-Pluto-Verbindung ausgelöst. Merkwürdigerweise tritt der Saturn in allen Kosmogrammen in der gleichen Achse auf, denn Saturn lfd 3°37 Fische, Saturn m 2°47 Zwillinge, Saturn w 5°26 Jungfrau, er steht hier wieder in Beziehung zu Uranus w, Sonne w, Venus/M w, Pluto/A w usw.

Aus Gründen der Übersichtlichkeit wurden die einzelnen Aspekte nicht immer angeführt, sondern an ihrer Stelle nur Gleichungen gegeben, unter denen Konjunktionen, Halbquadrate, Quadrate, Anderthalbquadrate und Oppositionen zu verstehen sind. Von verschiedenen Seiten werden die 45-, 90- und 135°-Winkel zu den Halbsummen als indirekte Planetenbilder abgelehnt, die Erfahrung hat aber immer wieder bewiesen, daß auch diese mit geringem Orbis eingesetzt werden können.

Das letzte Beispiel sollte vor allen Dingen zeigen, wie man mit Hilfe des Arbeitsgerätes und der KdG eine rasche Übersicht mit prägnanten Deutungen erhält, wenn man sich dabei der Mühe unterzieht, auch wirklich alle Verbindungen der Deutungsfaktoren zu untersuchen. Selbstverständlich wäre es notwendig gewesen, auch die Stellung der Gestirne in den einzelnen Zeichen zu berücksichtigen, z. B. im letzten Beispiel Venus m im Stier Opposition Mars w im Skorpion, Venus w in Fische Quadrat Pluto m in Zwillinge usw. Eine so weitgehende Untersuchung hätte jedoch allein ein ganzes Buch ergeben. Das Ziel dieser Abhandlung soll darin liegen, zu genauen Untersuchungen und einer verantwortungsbewußten Arbeit anzuregen, die auf dem Gebiet der Vergleichsanalyse besonders notwendig sind, um in einer Zeit der Ehekrisen vor übereilten und unüberlegten Verbindungen zu warnen, in bereits geschlossenen Ehen auf vorliegende Gefahren aufmerksam zu machen und das gegenseitige Verstehen zu fördern. Sollte es möglich sein, dieses Buch in dieser Weise in den Dienst der Eheberatung zu stellen, so wäre seine Aufgabe erfüllt. Keineswegs soll aber damit der Rat des Psychologen und des Arztes ausgeschaltet sein, denn nur dann wird eine Eheberatung auf sicherer Grundlage stehen, wenn sie von erfahrenen und reifen Menschen ausgeübt wird, die über psychologische, medizinische und kosmobiologische Kenntnisse gleichzeitig verfügen.

NACHWORT

Die erste Auflage dieses Buches erschien bereits 1936, die erweiterte Auflage 1950. Besonders begrüßt wurden die Deutungsregeln der Seiten 39-48, die sonst nirgends zu finden sind, aber bereits mehrfach widerrechtlich abgeschrieben wurden. Es wird empfohlen, den Orbis bei den Winkelbeziehungen möglichst eng zu nehmen.

Im Anschluß an dieses Buch ist die neuere Veröffentlichung des Verfassers "Das Kontakt-Kosmogramm" zu empfehlen, worin die Vergleichsanalyse noch mehr erleichtert wird.

QUELLENNACHWEIS

1 Reinhold Ebertin, Charakter und Schicksal im Kosmogramm, Aalen 1950 (Dieses Buch ist vergriffen, an seiner Stelle sei hingewiesen auf die Lehrbücher "Mensch im All" und "Der Mensch und sein Gestirn")
2 Ernst Kretschmer, Körperbau und Charakter, Heidelberg 1948.
3 C.G. Jung, Psychologische Typen, Zürich 1925.
4 Manfred Curry, Der Schlüssel zum Leben, Zürich 1949.
5 Reinhold Ebertin, Kosmopsychologie, Aalen 1950/1966.
6 Dr. Ernst Speer, Die Liebesfähigkeit des Menschen, München 1951.
7 Reinhold Ebertin, Kombination der Gestirneinflüsse, Aalen 1950/1961.
8 Reinhold Ebertin, Direktionen, neu gestaltet 1966.
9 Carter, Aspekte, München 1938.
10 Elsbeth Ebertin, Astrologie und Liebesleben, Görlitz 1926.
11 Parm, Individualformen, Kosmobiologische Kartei, Aalen 1951 (vergriffen).
12 Reinhold Ebertin, Das 90°-Arbeitsgerät in der kosmobiologischen Praxis, Aalen 1949 (vergriffen), jetzt enthalten in "Angewandte Kosmobiologie", Aalen 1970.
13 Dr. H. H. Kritzinger, Todesstrahlen und Wünschelrute, Leipzig 1929.
14 Franz Hackbusch, Tragisches Ende einer jungen Liebe, Mensch im All, Juni 1936.

ABKÜRZUNGEN

m = männlich
w = weiblich
KdG = Kombination der Gestirneinflüsse
lfd = laufend
pr = progressiv